杭州优秀传统文化丛书

Hangzhou Youxiu Chuantong Wenhua Congshu

古迹遗珍

林赶秋——

著

杭州出版社

图书在版编目（CIP）数据

古迹遗珍 / 林赶秋著 . -- 杭州：杭州出版社，
2022.1
（杭州优秀传统文化丛书）
ISBN 978-7-5565-1696-4

Ⅰ . ①古… Ⅱ . ①林… Ⅲ . ①历史文物—介绍—杭州
②名胜古迹—介绍—杭州 Ⅳ . ① K872.551 ② K928.705.51

中国版本图书馆 CIP 数据核字（2021）第 276992 号

Guji Yizhen

古迹遗珍

林赶秋　著

责任编辑　杨　凡
装帧设计　章雨洁
美术编辑　祁睿一
责任校对　魏红艳
责任印务　姚　霖
出版发行　杭州出版社（杭州市西湖文化广场32号6楼）
　　　　　　电话：0571-87997719　邮编：310014
　　　　　　网址：www.hzcbs.com
排　　版　浙江时代出版服务有限公司
印　　刷　天津画中画印刷有限公司
经　　销　新华书店
开　　本　710 mm×1000 mm　1/16
印　　张　16.5
字　　数　203千
版印次　2022年1月第1版　2022年1月第1次印刷
书　　号　ISBN 978-7-5565-1696-4
定　　价　58.00元

序 言

文化是城市最高和最终的价值

我们所居住的城市，不仅是人类文明的成果，也是人们日常生活的家园。各个时期的文化遗产像一部部史书，记录着城市的沧桑岁月。唯有保留下这些具有特殊意义的文化遗产，才能使我们今后的文化创造具有不间断的基础支撑，也才能使我们今天和未来的生活更美好。

对于中华文明的认知，我们还处在一个不断提升认识的过程中。

过去，人们把中华文化理解成"黄河文化""黄土地文化"。随着考古新发现和学界对中华文明起源研究的深入，人们发现，除了黄河文化之外，长江文化也是中华文化的重要源头。杭州是中国七大古都之一，也是七大古都中最南方的历史文化名城。杭州历时四年，出版一套"杭州优秀传统文化丛书"，挖掘和传播位于长江流域、中国最南方的古都文化经典，这是弘扬中华优秀传统文化的善举。通过图书这一载体，人们能够静静地品味古代流传下来的丰富文化，完善自己对山水、遗迹、书画、辞章、工艺、风俗、名人等文化类型的认知。读过相关的书后，再走进博物馆或观赏文化景观，看到的历史遗存，将是另一番面貌。

　　过去一直有人在质疑，中国只有三千年文明，何谈五千年文明史？事实上，我们的考古学家和历史学者一直在努力，不断发掘的有如满天星斗般的考古成果，实证了五千年文明。从东北的辽河流域到黄河、长江流域，特别是杭州良渚古城遗址以 4300—5300 年的历史，以夯土高台、合围城墙以及规模宏大的水利工程等史前遗迹的发现，系统实证了古国的概念和文明的诞生，使世人确信：这里是古代国家的起源，是重要的文明发祥地。我以前从来不发微博，发的第一篇微博，就是关于良渚古城遗址的内容，喜获很高的关注度。

　　我一直关注各地对文化遗产的保护情况。第一次去良渚遗址时，当时正在开展考古遗址保护规划的制订，遇到的最大难题是遗址区域内有很多乡镇企业和临时建筑，环境保护问题十分突出。后来再去良渚遗址，让我感到一次次震撼：那些"压"在遗址上面的单位和建筑物相继被迁移和清理，良渚遗址成为一座国家级考古遗址公园，成为让参观者流连忘返的地方，把深埋在地下的考古遗址用生动形象的"语言"展示出来，成为让普通观众能够看懂、让青少年学生也能喜欢上的中华文明圣地。当年杭州提出西湖申报世界文化遗产时，我认为是一项需要付出极大努力才能完成的任务。西湖位于蓬勃发展的大城市核心区域，西湖的特色是"三面云山一面城"，三面云山内不能出现任何侵害西湖文化景观的新建筑，做得到吗？十年申遗路，杭州市付出了极大的努力，今天无论是漫步苏堤、白堤，还是荡舟西湖里，都看不到任何一座不和谐的建筑，杭州做到了，西湖成功了。伴随着西湖申报世界文化遗产，杭州城市发展也坚定不移地从"西湖时代"迈向了"钱塘江时代"，气势磅礴地建起了杭州新城。

从文化景观到历史街区，从文物古迹到地方民居，众多文化遗产都是形成一座城市记忆的历史物证，也是一座城市文化价值的体现。杭州为了把地方传统文化这个大概念，变成一个社会民众易于掌握的清晰认识，将这套丛书概括为城史文化、山水文化、遗迹文化、辞章文化、艺术文化、工艺文化、风俗文化、起居文化、名人文化和思想文化十个系列。尽管这种概括还有可以探讨的地方，但也可以看作是一种务实之举，使市民百姓对地域文化的理解，有一个清晰完整、好读好记的载体。

传统文化和文化传统不是一个概念。传统文化背后蕴含的那些精神价值，才是文化传统。文化传统需要经过学者的研究提炼，将具有传承意义的传统文化提炼成文化传统。杭州在对丛书作者写作作了种种古为今用、古今观照的探讨交流的同时，还专门增加了"思想文化系列"，从杭州古代的商业理念、中医思想、教育观念、科技精神等方面，集中挖掘提炼产生于杭州古城历史中灵魂性的文化精粹。这样的安排，是对传统文化内容把握和传播方式的理性思考。

继承传统文化，有一个继承什么和怎样继承的问题。传统文化是百年乃至千年以前的历史遗存，这些遗存的价值，有的已经被现代社会抛弃，也有的需要在新的历史条件下适当转化，唯有把传统文化中这些永恒的基本价值继承下来，才能构成当代社会的文化基石和精神营养。这套丛书定位在"优秀传统文化"上，显然是注意到了这个问题的重要性。在尊重作者写作风格、梳理和讲好"杭州故事"的同时，通过系列专家组、文艺评论组、综合评审组和编辑部、编委会多层面研读，和作者虚心交流，努力去粗取精，古为今用，这种对文化建设工作的敬畏和温情，值得推崇。

人民群众才是传统文化的真正主人。百年以来，中华传统文化受到过几次大的冲击。弘扬优秀传统文化，需要文化人士投身其中，但唯有让大众乐于接受传统文化，文化人士的所有努力才有最终价值。有人说我爱讲"段子"，其实我是在讲故事，希望用生动的语言争取听众。今天我们更重要的使命，是把历史文化前世今生的故事讲给大家听，告诉人们古代文化与现实生活的关系。这套丛书为了达到"轻阅读、易传播"的效果，一改以文史专家为主作为写作团队的习惯做法，邀请省内外作家担任主创团队，组织文史专家、文艺评论家协助把关建言，用历史故事带出传统文化，以细腻的对话和情节蕴含文化传统，辅以音视频等其他传播方式，不失为让传统文化走进千家万户的有益尝试。

中华文化是建立于不同区域文化特质基础之上的。作为中国的文化古都，杭州文化传统中有很多中华文化的典型特征，例如，中国人的自然观主张"天人合一"，相信"人与天地万物为一体"。在古代杭州老百姓的认知里，由于生活在自然天成的山水美景中，由于风调雨顺带来了富庶江南，勤于劳作又使杭州人得以"有闲"，人们较早对自然生态有了独特的敬畏和珍爱的态度。他们爱惜自然之力，善于农作物轮作，注意让生产资料休养生息；珍惜生态之力，精于探索自然天成的生活方式，在烹饪、茶饮、中医、养生等方面做到了天人相通；怜惜劳作之力，长于边劳动，边休闲娱乐和进行民俗、艺术创作，做到生产和生活的和谐统一。如果说"天人合一"是古代思想家们的哲学信仰，那么"亲近山水，讲求品赏"，应该是古代杭州人的生动实践，并成为影响后世的生活理念。

再如，中华文化的另一个特点是不远征、不排外，这体现了它的包容性。儒学对佛学的包容态度也说明了这一点，对来自远方的思想能够宽容接纳。在我们国家的东西南北甚至是偏远地区，老百姓的好客和包容也司空见惯，对异风异俗有一种欣赏的态度。杭州自古以来气候温润、山水秀美的自然条件，以及交通便利、商贾云集的经济优势，使其成为一个人口流动频繁的城市。历史上经历的"永嘉之乱，衣冠南渡"，"安史之乱，流民南移"，特别是"靖康之变，宋廷南迁"，这三次北方人口大迁移，使杭州人对外来文化的包容度较高。自古以来，吴越文化、南宋文化和北方移民文化的浸润，特别是唐宋以后各地商人、各大商帮在杭州的聚集和活动，给杭州商业文化的发展提供了丰富营养，使杭州人既留恋杭州的好山好水，又能用一种相对超脱的眼光，关注和包容家乡之外的社会万象。这种古都文化，也代表了中华文化的包容性特征。

城市文化保护与城市对外开放并不矛盾，反而相辅相成。古今中外的城市，凡是能够吸引人们关注的，都得益于与其他文化的碰撞和交流。现代城市要在对外交往的发展中，进行长期和持久的文化再造，并在再造中创造新的文化。杭州这套丛书，在尽数杭州各色传统文化经典时，有心安排了"古代杭州与国内城市的交往""古代杭州和国外城市的交往"两个选题，一个自古开放的城市形象，就在其中。

"杭州优秀传统文化丛书"在传统和现代的结合上，想了很多办法，做了很多努力，他们知道传统文化丛书要得到广大读者接受，不是件简单的事。我们已经走在现代化的路上，传统和现代的融合，不容易做好，需要扎扎实实地做，也需要非凡的创造力。因为，文化是城市功能的最高价值，也是城市功能的最终价值。从"功能城市"走向"文化城市"，就是这种质的飞跃的核心理念与终极目标。

2020 年 9 月

（单霁翔，中国文物学会会长）

湖山佳趣图（局部）

目 录

第四章

塔与寺：东南佛国的光辉象征

第五章

雕与刻：万众瞩目的石刻艺术

第一章

城与桥：历经沧桑的横梁斗拱

历史，本如云烟，转瞬即逝，幸好有文字和图像，可以存其梗概。这些文物或深埋于地层之中，或尘封于古卷之内，有时也以残碑的形式一直待在人们身边，等待着有心人来发掘、来释读、来复原。

深埋于地层之中的杭州史，远比尘封于古卷之内的杭州史，要来得悠久而瑰丽。

距今十万年前，杭州地区就已有智人活动。若干次沧桑巨变之后，他们最终留下自己的犬齿，和大熊猫、东方剑齿象、中国犀等动物的骨骼一起为我们定格了"建德人"遗址，有力地表明了浙江省同样是中华民族灿烂文明的发祥地之一。

又经历了若干次沧桑巨变之后，杭州进入新石器时代。一座因桥而得名的跨湖桥遗址，以其丰富的内涵、独特的面貌震惊了八千年后的世人。遗址内出土的栽培稻实物，将浙江的栽培稻历史提前了一千年；出土的独木舟遗存是迄今我国发现的年代最早的独木舟，堪称"中华第一舟"。

　　处于浙西山地丘陵与杭嘉湖平原接壤地带的良渚古城遗址，时代虽比跨湖桥遗址晚，但文化更为璀璨。良渚式夹砂黑陶沿用到了小古城遗址时期，良渚式玉琮更是跨越了一千多年的历史长河，经过一千多公里的重峦叠嶂，出现在了古蜀的金沙遗址中。

　　以印纹陶和原始青瓷为特征的茅湾里窑址，是古越先民的重要文化遗存，也是中华民族上承夏商周、下接秦汉的泱泱陶文化的重要组成部分，为证明浙江是陶瓷的故乡提供了确凿的实物证据。此窑所产的原始瓷碗，以螺旋纹为装饰，在浙江地区的战国墓葬中出土了不少，可见其魅力与珍贵。

　　杭州在历史上的高光时刻是五代吴越国时期和南宋时期。依据当时遗留下来的古卷、残碑，再辅以考古发掘，临安吴越国王陵、南宋临安城遗址等渐次浮出水面。要还原一个真实美丽的古代杭州，这些都是绕避不开的，甚至是最浓墨重彩的部分。北宋都城汴京，有《清明上河图》等画为其写真；南宋都城临安，则有《武林旧事》等书为其传神。《武林旧事》卷五《湖山胜概》将杭州的道路、楼观、园林、寺院、桥梁等尽数收录，其承平繁华之盛况，犹令今人遥羡不已。

　　意大利旅行家马可·波罗比今人幸运。他有缘来到杭州，时常游历这座城市，对这里的许多事情都进行了细致入微的观察，并一一记录下来。比如杭州的桥，他曾这样口述："据一般人说，各种大小桥梁的数目达到了一万二千座。那些架在主要运河上，用来连接各大街道的桥，桥拱都建得很高，建筑精巧。同一时间内桥拱下可以通过竖着桅杆的船只，拱桥上面，又可行驶车马。而且，从街道到桥顶坡度的递减设计，恰到好处。要是没有这么多的桥梁，就不可能构成纵横交叉的十字路。"

要是没有这么多的桥梁，杭州城也就少了许多韵味。

有些桥至今犹存，依然为杭州提供便利，增添古韵。比如横跨在运河北段的拱宸桥，始建于明末崇祯年间，将在后面的章节中重点介绍。

还有广济桥，这座位于杭州市临平区塘栖镇西北，南北向架于京杭大运河上仅存的七孔石拱桥，如长虹卧波，气势恢宏，"长桥步月"旧为"塘栖二十四景"之一。广济桥又名通济桥、碧天桥，俗称长桥，是古代桥梁建筑的杰作，也是大运河上保存至今规模最大的薄墩联拱石桥。广济桥将塘栖镇连成一个整体，沿岸名胜古迹星罗棋布、中西业态林立，塘栖镇上游人如织，呈现出一派繁荣的景象。

再有祥符桥，因桥畔原先有祥符寺，所以此桥以"祥符"为名。作为杭州市区不多见的梁式桥之一，现在的祥符桥是明代建筑，为五孔石梁桥，南北向横跨宦塘河。桥栏板有素面和须弥座两种形式，望柱头雕饰覆莲或石狮。祥符桥作为祥符街道内的主要桥梁，曾发挥过重要的交通功能，又从侧面反映了祥符街道的历史风貌，具有较高的研究价值。

此外还有断桥、六部桥、万安桥等，都是历史悠久、故事丰富的杭州古迹。这些桥展示了古代桥梁建筑的技术，蕴含了古人的人文理念和哲思，又经历了岁月的剥蚀，见证了时代的变迁，显得格外珍贵。

我们的故事，便从杭州的古城和古桥讲起。

五千年前的良渚生活

　　五千年前的今杭州一带水网密布、物产丰饶，孕育了无数生灵，其中就包括世代居住在这里的良渚人。数千年来，良渚经历了沧海桑田，良渚人也在时间的淘澄中不断改善自己的社会制度，不断进步。良渚人和这片河渠纵横的土地一起创造了璀璨夺目的良渚文明。

　　良渚人之所以选择在良渚定居，除了此处物产丰富、取水便捷之外，也跟近旁的山中矿石种类丰富有关，而这些矿石正是制作玉器的原材料。

　　古语有云："仓廪实而知礼节。"根据良渚遗址出土的耕作工具和考古研究所得的族群数量可知，良渚人已然具备了较高的生产水平。良渚人在满足基本生活需求后，对生活品质的追求也随之提高，于是在他们的生活中出现了大量的玉器。玉器既能满足良渚人的审美需求，又是良渚社会等级的重要象征。

　　几十年来，良渚文化玉器的出土数量和类型在中国史前文化中皆居首位，其纹饰之繁密和刻工之细致也远超同时期的红山文化玉器和凌家滩文化玉器。

中国自古便用玉来体现权力，如展现皇权的玉玺，贵族和官员也通过佩戴和使用玉器来展示主人高贵的地位。这与良渚的用玉制度一脉相承。

玉，石之美者。除了把玉琮、玉钺等作为权力的象征外，良渚人在日常生活中也将佩戴玉器作为展示美和体现财富的一个重要方式。至于如何佩戴玉器及佩戴什么形制的玉器，在良渚都有较严格的规定，是良渚等级制度的体现方式之一。

具体如何体现？又有怎样的制度？除了用玉制度之外，良渚人还有怎样的生活形式？

今天，我们以残存的良渚文明遗珠为线索，撕开这段尘封的历史，铺展良渚生活的画卷，一窥此地当年的风物，演绎先民的不同风情。

良渚作为史前玉文化的巅峰代表，制玉规模宏大，甚至有专门的制玉场和专业的玉工。

少女羽是良渚部落制玉场里采玉工的女儿，其家族世代以采玉为生。和羽父在同一个玉场谋生的玉工有近百人，而他们只是进行初步的玉加工，比如找玉矿、采玉料、切割打磨玉石等。

聪明机灵的羽从小跟着父亲进山劳作，已然练就了一身本领。她是父母的第一个孩子，所以时常帮助父母照顾弟妹、打磨玉石。某天，父亲让羽带着弟弟龟到河对面的甜瓜地里采甜瓜。天气炎热的时节，甜瓜也大量成熟了，这是当时良渚部落很重要的蔬果，易栽培，产量大，口感好，营养价值高，极受良渚人欢迎。

这天一大早，羽就起来和母亲一起做了一鼎粳米饭，然后给自己和弟弟盛了满满一豆。吃完的时候，天刚蒙蒙亮，羽麻利地背起竹编筐，腰间别上石镰，给弟弟挎上装水的黑陶壶，收拾停当，便伴着晨曦出发了。临出门前，羽又戴上了父亲特意为她磨制的额佩和玉镯，她已经很知道怎么把自己打扮得更美了。去年母亲还为她拔除了侧牙，虽然很疼，但她心里是高兴的，因为这说明她已经长成个大姑娘了。

良渚玉镯

良渚黑陶鼎

良渚灰陶豆

良渚黑陶罐

　　村落里莺啼燕舞，鲜花盛开，半人高的稻谷在田里随风摇曳。姐弟二人心情愉悦地哼唱着歌谣，穿着草鞋的脚踩在松软的地上，踏着风的音符快乐地奔向河对岸的甜瓜地。

　　羽的家在矿山脚下的制玉场里，位于部落的边缘。部落的中心则在整个区域的西南部，以修筑在高高都城台上的宫殿为主，宫殿里住着首领和贵族。羽从未去过中心区域，但她像其他平民一样向往着那高贵又神秘的地方。

　　良渚部落有明确的规则来约束族人的行为，如果违规，就会受到部族头领的惩罚。若是严重的事，则会由分管他们区域的贵族或部落首领进行惩处。其规则的详尽程度虽然无法跟现代法律相比，但这样的制度对当时的社会进步产生了积极的影响，明确的分工和严格的行为制约提高了劳动生产率，促进了文明的诞生。

　　羽的家距离甜瓜地并不算远，只要绕过村子就有一座独木桥可以通到对岸。只是这座桥年久失修，每次过桥的时候都需要格外小心。好在羽和龟经常在这儿玩，所以很清楚该怎样避免危险，少年黎却不知道。

黎是良渚部落首领的儿子，是部落未来的继承人。他今天心血来潮，也带着从人去摘甜瓜。这是少年难得的自由活动时间，由于他平时要跟着父亲学习祭神和统领部族等事，繁忙而有规律，所以今日能出门玩耍让他格外高兴。

良渚部族的首领作为部落最尊贵的人，和玉器又有什么样的羁绊呢？

良渚高超的玉器雕琢工艺水平，是无数良渚人钻研和实践的结果，尤其是象征神权的玉琮的雕刻技艺，代表了玉器雕刻工艺的最高水平。

玉琮上面的图案是神人兽面纹，称为神徽，能佩戴神徽的只能是部族的首领，他们还有部落巫觋的身份。部族的首领作为神的使者，他们佩戴雕刻着神徽的玉器，本就肩负着与神灵沟通的责任。所以首领不只是管理部

良渚玉琮

良渚玉琮上的神人兽面纹

落，还承载着族人的信仰，拥有绝对的至高权威。

黎的父亲便是部落现任神巫，而黎作为继任者则需要从父亲那里学习如何通过玉器与神灵进行沟通。

在玉器上所能雕刻图案的类型也是良渚社会等级的一个体现方式，首领之外的一般贵族只能纹刻普通线条或鱼、鸟、龙等纹饰，平民没有在玉上刻纹的权力。所以羽此时佩戴的玉镯只能是无纹玉镯。

除了用玉器来显示等级，与漫长的封建社会一样，良渚社会的衣着服饰也是区分身份地位的一个象征。

以黎为例，他作为部落最尊贵的少年，哪怕是去野地玩耍，也身着华丽的衣饰。他头上戴着玉冠，冠的正面是浅浮雕线刻兽纹，脑后还插着白色的羽毛。他的左臂上戴着玛瑙链和玉镯，身穿丝制衫，腰系皮带，脚蹬木屐。

黎一行人走到独木桥边，性急的黎率先跑了上去，腐朽的木桥骤然受力，巨烈晃动起来，黎的脚还没踩稳就翻到了河里。身边从人都吓得不轻，黎自己倒是很兴奋，借机在水里扑腾嬉闹。

"那水里有蛇，你不要玩了。"黎回头一看，是一个身穿麻布衣、脚踩草鞋的平民少女。她的脸被日头晒得红扑扑的，绾着头发，簪着象牙笄，腰间别着一把石镰，两只眼睛又黑又亮。她明媚干净的笑容仿佛把黎带进了另一个世界，一个只有他们两人的世界，一个洒满阳光的世界……少年懵懂的心像是被击中了，剧烈地跳动着，甚至没有听到她说了什么。

"你还不出来吗？这里的红点蛇会咬人的。"女孩说着来到了桥边，"这座桥已经老了，又很滑，你们穿着木屐是不好走的。"说着她回身拉着身后的男孩一同走过桥，向田地走去。

这恰是同样来摘甜瓜的羽和弟弟龟。

黎看着他们走远，直接游到了对面，爬上岸去追赶他们。

"我叫黎，我家在那边的宫殿里，你们也去摘甜瓜吗？我们一起去好不好？"

"你家在那里吗？我想去那里玩可以吗？"龟抢着说道。黎爽快地答应了，并约定好了到时还在刚才的木桥边会合。

杭州风迹

H A N G

Z H O U

黎回去后兴奋地向自己的父母提起他遇到的女孩，看着他神采飞扬的样子，父母也为他感到高兴。黎也到了该成婚的年龄了，他的父亲便以部落首领的身份定下了两人的婚期。羽对此并没有特别的想法，她记得那个在水里玩耍的男孩，记得他明亮的眼睛，也感受到了他对自己强烈的热情，想到他热切的目光，羽的脸颊泛起了红晕……

良渚聚落是集神权、军权、王权为一体的社会模式，已经初具早期国家的形态，其部族的首领相当于国王，所以黎这样一位王储的婚礼自然是部落里最盛大的庆典。

在婚期到来之前，黎受父命去猎捕了许多野物，有野猪、梅花鹿、麋、圣水牛、野鸡等。一部分是为了在婚礼当天供族人享用，另外一部分是要作为婚礼时祭天所用的牺牲。

到了婚礼当天，作为神巫的黎父带领着族中贵族和其他氏族头领进行了盛大的祭天仪式。他们登上位于部

良渚神人兽面纹玉三叉形器

落西北部的大祭坛。黎父头戴精致的玉冠，冠上刻着神人兽面纹，这也是他特有的玉冠和纹饰，是他的王冠；胸前佩戴着圆形玉牌，色泽透亮，质地不凡；手握玉权杖，权杖木柄上有玉瑁，下有玉镦。

祭台当中放着捆绑紧实的牲物，巫觋率领众头领向天叩拜举行祷告仪式，然后绕着牺牲在高台上跳起了祭祀之舞，一时间呼喊声震天、黄土飞扬……

之后，黎父命人宰杀了圣水牛和家猪，这是良渚祭祀用作牺牲的主要动物。尤其是家猪，在良渚文明祭祀和殉葬过程中都占有一席之地。

羽则一早就被母亲和首领夫人打扮得华贵雍容。

她身穿丝织衣衫，腰系皮带，带上穿着玉带钩，又挂着灰褐色的玉璜和鸡骨白玉龟吊坠；头上绾着发髻，髻上别着一把玉梳，玉梳背面雕刻了肢体俱全的神人图像；额佩则是将四块椭圆形的松绿石嵌片镶在丝织物上，围系在头顶一圈；左手腕上叠戴着喇叭形管串和珠串，都是南瓜黄的颜色，右手上戴着的还是父亲为她磨制的无纹玉镯，代表了她对母家的挂念。

穿戴整齐的羽在一群孩子的嬉笑包围中艰难地向前移动，在高台上等候的黎看见新妇为难的样子，几步并作一步奔向她，努力把她从孩子中解救了出来。稍得安定的羽看着新夫这样热切地帮自己解围，心中很是温暖。再看他穿得跟自己一样笨重，倒显得黑黢黢的英俊脸庞更加可爱了。

宴饮玩乐一天后，众人才散了，黎、羽二人也进入宫殿，褪去首饰眠宿。

良渚玉梳背

良渚玉鸟

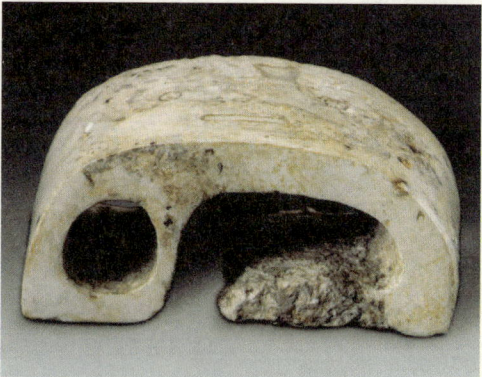

良渚玉带钩

良渚绿松石嵌片

　　眼见黎已成人，父亲便开始教导他如何管理农事。对古老的部族而言，最重要的事莫过于农事和渔猎，这是攸关生计的大事。

　　正好到了耕作的季节，父亲便带着黎去了部落西边的一个村子——山前村。山前村位于良渚区域的西北方向，此地靠近水坝，水量充沛，运输便捷，是部落里最富庶的村子。

　　说到这里，就不得不提一下良渚令人惊诧的治水工程——良渚水利系统。

　　良渚地势西高东低，每到汛期，自西而来的洪水给良渚人民带来了很大的困扰，尤其是沿河的族人，更是深受其害。经过几代人的考察和摸索，良渚人逐渐掌握了涨水期、枯水期的季节规律，还有大致的水流量。

　　连续数代首领都在上游修筑堤坝，拦截洪水。起初也只是在部落西北部远处的谷口修建了几条高坝，坝体正面阻挡洪水后又变成引流水渠，引导洪水绕过他们的住地。

　　这样的水利设施对缓解水患有一定的作用，但并没有对水资源加以利用，所以还不算是完整的水利系统。

　　黎的祖父担任首领之后，他见旱季水稻难活、猎物稀少，族人生活难以为继，心中十分忧虑，于是带着黎父和几个族人在西北山脚住了数月，沿着水流查看水势和山坡土埂的情况。回到部落后，他宣布了一项重要决定：在上游河口依水势和山势扩建水坝。

　　这个水坝便是震惊后世的良渚古城外围水利系统，

具有治理水患、蓄水灌溉、水上运输三大功能。它给良渚人的生活带来了巨大的便利，也对良渚文明的发展起到了积极的推动作用。

他们先是在远处谷口增建几条高坝，又在高坝的西南平原处修建若干低坝，与北面利用山势形成的山前长堤相连，围出了一个面积广大的人工湖泊，很像后世的水库。库中水量在超过低坝高度水位的时候会漫过西南坝向外流出，而在低于这个水位的时候水就聚在库中；旱季时根据水的需求量开坝放水，以供灌溉或居民生活用水，由选择开坝的位置来控制水的走向。同时水位稳定的水库还可以作为水上运输的载体，为良渚人提供便利，他们可以通过水运将山林中的物产带到下游村落，使山地资源得到充分利用。

五千年前的良渚人留下来的这项伟大遗迹震惊了世人，世人也可以从中窥见中华文明治水历史之早、中华先民的智慧之高。如果不是一代又一代人的努力和创造，如今的杭城也不会有这般的繁盛和文明。我们在感佩古人的同时，更应该做的是继承他们攻坚克难的精神，学习他们利用自然、战胜自然的勇气和决心。

再回到黎和父亲视察农耕之事。

他们到山前村之后，便去了村子首领皿的家中。一个村落一般是一个氏族的人在居住，而氏族头领也就是族长，管理族中的一切事务。

太阳升起的时候，他们到了皿的家中，皿的女儿菱在为他们烹制早饭。只见房舍东面有一个陶灶，灶内放着两个陶鼎，鼎内煮着的籼稻正冒着腾腾的热气。旁边的土基上放着厨刀和陶罐、陶壶、陶盆等物件。院子的中间架着火堆，上面炙烤着野猪肉，已经烤得表皮焦红，香气四溢。黎看着菱忙碌的身影忽然觉得思念羽了，虽然他才离家没多久。

吃过饭后，他们一行人去了田里，地里有人在除草，有人在挖野菜，也有人在修补田埂……

"今年天气暖得早，要早点开耕，禾苗才能长得好。"皿一边介绍着，一边走到一个正在耕地的农人旁边。农人手把犁柄，费力地推着石犁翻着地里的土，翻起的新土湿润中带着特有的清新气息。在一边铲削杂草茎秆的农妇看见他们过来，便放下手中的石耨刀，拿了陶杯倒水给他们喝。黎父边喝水边与他们交谈，无非是如何劳作、收成几何、人口多少之类的事情。结束之后，他们又去看了谷仓中的储粮和农人的房舍，直到傍晚才归。

黎虽然常常看见农人耕作的场景，却没想到种植粮

良渚陶杯

食需要掌握这么多技能才能做好，此行让他对农事平添了一份敬畏。正是因为先民们对自然万物有敬畏之心，才使得他们能够更好地利用自然，得到更多上天的馈赠，最终得以不断地繁衍和安乐地生活。

时至今日，我们依然需要对万事万物持有这样的敬畏之心，切不可因为生产力的提高和生活的富裕而妄自尊大。

黎和父亲回到家时，母亲和羽已经准备好了饭食，有甜瓜、菱角，还有鹿肉和野鸡等。良渚时期野鸡较为稀有，所以是贵族专属的食物，也是黎的最爱。他们全家人在一起一边讲着白天发生的事，一边细细地享用着美食。日子就这样一天一天地过去了。

远古的良渚人就是这样日复一日地劳作、生活，经历苦乐离合，虽然生活方式与我们不尽相同，但生活的本质却是一样的。

良渚文化是我国重要的史前遗存，是中华文明的源头之一。它以轮制黑陶和精美玉器为显著特征，制作的玉器种类繁多，雕刻技艺精妙；其他像石器、编织物、漆器等也是应有尽有，显示出手工业的日趋精细和成熟；其墓葬制度、用玉制度和聚落规模，反映出良渚的社会形态已等级分明；其功能复杂的水利系统，开启了杭州水利文化乃至中华水利文化的先河；尤其是规模宏大的三重构造古城，是后世都城营建的滥觞，更是文明的实证。

良渚遗址为我们展示了五千年前先民的生活状况和璀璨的文明，将中国的治水历史提前了一千年，不仅是杭州五千年建城史的佐证，更是实证中华五千多年文明史的圣地。

参考文献

1. 浙江省文物考古研究所编：《良渚文化研究——纪念良渚文化发现六十周年国际学术讨论会文集》，科学出版社，1999 年。

2. 刘斌：《神巫的世界》，杭州出版社，2013 年。

3. 王宁远：《遥远的村居——良渚文化的聚落和居住形态》，浙江摄影出版社，2007 年。

4. 良渚博物院编著：《瑶琨美玉——良渚博物院藏良渚文化玉器精粹》，文物出版社、（台北）众志美术出版社，2011 年。

大火燎宋宫　富丽成焦土

靖康二年（1127），金兵攻陷了北宋都城汴京，北宋宣告灭亡。宋徽宗的儿子赵构即位，庙号高宗，史称南宋。高宗决议南迁，几经转折，驻跸杭州，并升杭州为临安府。

南宋时期的临安城人烟稠密，百业兴旺，水陆交通极为便利，是江南最富庶的城市。绍兴八年（1138）宋王朝正式定都临安后，不断进行宫殿的修建和改造，经过二十多年的修造，皇宫初具规模。孝宗之后，又历经了诸帝百年的修葺、添造，皇宫规模已经与汴京禁内相仿。皇城内宫室殿堂林立，亭台楼阁棋布。

话说当时有一文人，姓汪，名元量，钱塘人，出身于音乐世家，宋度宗时，以词名显著，又精于弹琴作画，于是被召入宫，任宫廷琴师，侍奉谢太后和王昭仪。

汪元量这个人平时不爱多言，但为人急公好义、忠君爱国，又很有胆识。贾似道乱国之时，群臣百姓都对他恨之入骨，但惧于他的威势，没有人敢说什么。汪元量却不一样，直接上书痛骂贾似道，其文人气骨可见非凡。

如今他任了宫廷琴师一职，要在上元节宫庆时进行表演，所以近日只是理谱练琴，连节下亲朋往来一应事宜都不理会。

正月初五这天，好友晏正萧[1]来找他去和乐楼喝酒，他还来不及推辞就被生拉硬拽了去。有什么办法呢？纵使能辜负好友，也不能辜负美酒啊！

和乐楼在临安御街上，靠近皇宫。这御街是京师最繁华的商业中枢，大小店铺密布，诸行百市莫不齐备。来到酒楼时，酒家老板和老板娘正在拌嘴。他们两口子吵架在天街上都是出了名的，左不过是老板嗜酒如命，常常误事的缘故。老板娘虽然脾气暴躁，但为人精明能干，又酿得一手好酒，他们这酒楼才能在皇城边上站稳脚跟。

这不，今天又吵起来了，汪元量、晏正萧刚到门口，就见老板娘扔过来一个小烘篮，砸在门框上，险些打中走在前面的晏正萧。他笑着捡起烘篮走了进去："店家小心些，今日砸了我不要紧，明日再把赵官家也砸了，看你这酒楼开还是不开？"

"实是被那醉汉气糊涂了，倒惹各位客官笑话了。"老板娘顿时收起脾气，笑盈盈地上前招呼客人。

"哟，你这烘篮里还有火星，如今天干物燥的，可得仔细着点。"

老板何良接过东西说道："是是是，这浑家越发大意了，两位今日要点什么？"

"来一个糟琼枝，一个松脯，再要一个炙骨头，外

[1]晏正萧及酒楼主人均为虚构人物。

加一个腊肉。酒就要皇都春，先上一壶来。果子要玉屑糕和甘露饼。"晏正萧说完，开始跟汪元量闲话起来。

"听说今年元夕禁中的灯会较往年花样更为繁多，不知是真是假？"

"我元正日朝会的时候进了宫，前殿还没有张挂，不过年前在王昭仪宫里听掌事宫女说，从去岁重阳节赏菊灯过后，就开始渐次试灯了，称为'预赏'，想来如今各式灯火已经齐备了。这原是由各宫中女官负责安排，相互之间竞出新意，年年都要不同。"

"我今日拉你出来，正是为这事，我到临安已十数年，瓦子勾栏、酒楼歌馆无有不去的，只遗憾从未去过御苑。日前在和宁门外看见城楼巍峨壮丽，甚是夺目，便生了游览之心。你知道我的，闲云野鹤惯了，不愿出仕，所以想找你帮帮忙，看能不能带我进去一观宫中元宵盛况？"

甫一说完，汪元量就拍着大腿说道："正应了一个'巧'字！琵琶豪士前先时日叫蜡油烫伤了手指，正为元夕盛宴发愁，你素善琵琶，如今替了他去演奏，岂不两全？"

二人如此这般约定后，汪元量去宫里奏禀，诸事无有不妥。

且说到了正月十五元宵当天，汪元量、晏正萧二人未时就进了宫。汪元量因时常出入，不觉新奇。晏正萧却是第一次入宫，加上他性格豪迈，一路上叽叽呱呱点评不停。

他们是从东华门进宫的，在内侍的带领下直入后苑。

后苑内有小西湖等景，布局精巧，有梅花千树，其亭榭之盛、御舟之华，皆非凡间可拟。小西湖是整个后苑的核心，湖边有水月境界亭和澄碧亭，周环散有翠寒堂、云锦堂诸般建筑，皆倒映水中，别成画境。

晏正萧站在苑中啧啧称赞："此池虽不大，但与四时之景相得益彰，精妙中更显得雅致。"两人边说边走向钟美堂，此时正值严寒，堂上花并未完全开放。汪元量就给他解说了一番："堂前三面皆以花石为台，种的都是当今名品；台后面种着数百株玉绣球，盛开时俨如镂玉屏；堂内左右两排，雕花彩槛，护以彩色牡丹画衣；四周则是各色花木，可保一年四季姹紫嫣红……"讲了足有两刻钟。

如此繁盛的景象，听得晏正萧惊呆在堂前，半晌才道："天下花堂恐无有出其右者！若非大内，焉能有这般品种齐全。纵使有这些花，又有几处能安排得这般巧妙？"

汪元量看着他的呆样，不觉失笑，遂拉了他的手往里走去。

"再有翠寒堂避暑、赏夏景，依桂阁赏桂，庆瑞殿赏菊，明远楼赏雪景……巧夺天工的后苑，各具千秋的亭台楼阁，都是专供皇帝后妃们一年四季赏玩的。"

听到此处，晏正萧摇头叹道："这般也太过奢靡了！竟全然不念中原百姓正被元军铁骑践踏，也不理江南百姓因奸臣当道而受的苦楚，只知春花秋月，江山如何才能久安？"旁边小黄门听了这话吓得脸色苍白，直说："先生慎言！大内比不得外面，耳目众多，若是叫

杭州风迹　HANG ZHOU

人听了去，咱们如何吃罪得起！"

二人闻言也不多说，径直去看鳌山了。这鳌山便是用彩灯堆叠成的山，按传说中的巨鳌形状制成。鳌山所用灯的品类极多，以苏灯为最。圈片大的有三四尺，皆是五色琉璃所成，山水人物，花竹翎毛，种种奇妙，难以尽言。又有福州所进的玉灯，纯用白玉，冰清玉洁，爽彻心目。

此时不止晏正萧惊叹不已，汪元量也不似原先那般镇定。他一边凝神仔细观赏，一边沿着鳌山往前挪步，不想一头撞到了一个内官身上，只听得有人在一旁哈哈大笑，起身一看，原来是王昭仪带着宫人在此玩耍。

王昭仪站在那看着他们笑。这王昭仪正是著名才女王清惠，南宋灭亡后随着三宫北上，途经北宋国都汴京时作了一首《满江红》，传遍天下。而她本人后来挽髻为道，客死北国，一生遭际颇动人肠。这是后话了。

汪元量虽然丢了丑，倒也不以为意，只一笑了之。

"宫人唐突，打扰先生赏灯了。"王昭仪说着走上前来，"这位想必是晏先生了，可看过了宫殿没有？"

"晏正萧见过昭仪。我于未时进宫，此刻只赏观了后苑。"晏正萧回道。他久慕王昭仪才名，今日得遇，自觉有幸。

"今日你们不便去前殿，难以尽观，可以去那锦胭廊附近的凤山楼，那里离诸殿较近，登楼可以一览。先生若是愿意，便让宫人带你去。"晏正萧闻言喜不自胜，便随着一名叫张行福的内官去了。汪元量自留下与昭仪论诗谈文。

"晏先生看过和宁门没有呢？那可是咱皇城里相当华丽的门了，与丽正门同等级。"张行福说道。

"来时已见过了，果是富丽非凡！三门皆金钉朱户，画栋雕甍，覆以铜瓦，镌镂龙凤飞骧之状，真是金碧辉煌，光耀溢目啊！"说着已到了凤山楼，登上楼台后只见远近宫阙尽可一观。

南宋皇城范围极广，南至今天的宋城路，西至凤凰山东麓，北至万松岭以南，东至中河南段。宫殿承袭《周礼》"前朝后寝"的传统格式布局，主要有垂拱殿、文德殿、慈明殿、延和殿等。

文德殿是正衙，其殿名根据不同需要随时更改，如官家庆生大宴时称紫宸殿，朝贺时称大庆殿，举行明堂郊祀大典时称端诚殿，殿试和状元唱榜时称集英殿，武状元唱榜及军营任命武官时称讲武殿。

垂拱殿在文德殿西边，五间十二架宽，宽八丈四尺，进深六丈，重檐庑殿式屋顶。大殿正门占地三间，内有红色台阶及殿前栏杆"折槛"。大殿南侧有檐屋三间，宽各一丈五尺，两边各有两开间的朵殿一间。朵殿两侧各有廊庑二十间。殿后有拥舍七间，名延和殿。

其他的还有太子东宫和当年杨太后垂帘听政的慈明殿，以及瑞庆殿、明华殿、秾华殿、勤政殿等几十座宫殿。整个宫宇规模虽不算十分宏大，但经过诸帝多年的建造、修葺，也是殿宇轩昂、城楼绚彩。

晏正萧在凤山楼逗留了半个时辰方回。此时已近申时，汪元量自与晏正萧前往教坊乐部演习曲目。

德祐二年（1276），宋廷降元，元世祖召三宫北迁大都，谢太皇太后、王昭仪皆在其列，汪元量随侍。亡国以后，人去阁空，宫里一片衰败混乱的景象。汪元量见此状，心生黍离之悲，遂作《兵后登大内芙蓉阁宫人梳洗处》一诗，其诗曰：

> 粲粲芙蓉阁，我登双眼明。
> 手拊沉香阑，美人已东征。
> 美人未去时，朝理绿云鬟，暮吹紫鸾笙。
> 美人既去时，阁下麋鹿走，阁上鸱枭鸣。
> 江山咫尺生烟雾，万年枝上悲风生。
> 空有遗钿碎珥狼藉堆玉案，空有金莲宝炬错落悬珠楹。
> 杨柳兮青青，芙蓉兮冥冥，美人不见空泪零。
> 锦梁双燕来又去，夜夜蟾蜍窥玉屏。

诗中前几句展示的是国亡之前，宫室的璀璨堂皇。后面几句写的是南宋灭亡，宫苑变成丘墟的景象：宫里野鹿游走，猫头鹰鸣叫，一派衰败气象；梳妆台上破碎、遗落的首饰狼藉散乱。国破时，宫人离去得非常匆忙，且有很多宫人因不愿忍受亡国之辱，投水而亡，惨不堪言。

元世祖至元十四年（1277），元军进驻临安。起初临安百姓的生活还较为安稳，因宋亡带来的恐慌渐渐平息，各行各业陆续恢复了经营。和乐楼的老板又开始买醉，老板娘却比以前更加暴躁了。

"天下都变了，你还是这个死样子，如今生意不比往年，再这样下去，这日子叫我如何过法！"老板娘嚷着。何良却只笑嘻嘻的，浑作听不见，惹得老板娘瞬间觉得一股气从丹田涌出，顺手抄起小烘篮又砸了过去。何良早练得身手敏捷，一个侧身就躲了过去，烘篮带着火星滚到了墙角。何良正欲捡起，恰巧七八个守城元兵进来吃酒，何良不敢耽搁，急忙回身去招呼，过后竟忘了这事。

正是老话说的，祸不单行，那烘篮里的火尚未灭透，滚到墙角后迸出火星，慢慢地把整个烘篮都烧着了。那处墙角又正好堆放着不少酒坛，火势遇酒快速蔓延，待到半夜时，已经浓烟滚滚，房子都烧起来了。

和乐楼地处御街，这里商铺密集，住户甚多。房子又多是木质的，大火很快就成燎原之势，失去了控制。众人能从火海中逃得性命已是万幸，根本无暇灭火。不过一日光景，大火就延烧到街上的太庙、三省六部、御史台、秘书省、玉牒所、皇宫……

据记载，这场大火烧得十分可怕：城中黄烟四塞，天空像下尘土一样，吸入鼻腔让人辛酸难忍；几案上、瓦垄上就像在筛灰，簌簌地直往下掉；人与人之间隔着一丈远就看不清了；太阳像没有磨过的镜子，被遮掩在浓烟里不见光彩……就这样烧了两天两夜，受灾者超过了万户，宫城也烧去了大半。

呜呼哀哉！南宋修建了百年的巍峨宫城就这样毁于一旦，徒留一声叹息。之后数十年内，在宋宫旧址上，元僧杨琏真加建起过五寺一塔，其所用砖石也多取自南宋宫城旧砖。杨琏真加甚至想把宋高宗所书《南宋石经》石刻拿来奠基，幸得申屠致远力保，才得以存留。

宋宫被烧毁给杭州留下了很大的遗憾。一如杜牧所写的《阿房宫赋》，写尽阿房宫的壮丽，最后只以"可怜焦土"四字了之。但此事也为后人敲响了警钟:要保国家万世清平,只有富丽堂皇是不够的,没有武力作为保障,所有的富贵也只是为他人作了嫁衣。

所以,不管是前朝还是当今,国富且兵强才是国家自强之本。

参考文献

1.〔南宋〕周密:《癸辛杂识续集》,文渊阁《四库全书》本。

2.〔南宋〕周密著,钱之江校注:《武林旧事》,浙江古籍出版社,2011 年。

3.〔元〕佚名:《宋季三朝政要》,文渊阁《四库全书》本。

4.林正秋:《吴越王城南宋都——杭州》,载阎崇年主编《中国历代都城宫苑》,紫禁城出版社,1987 年。

5.卢英振:《镇南塔与杨琏真珈(加)》,《绍兴文理学院学报(哲学社会科学版)》2012 年第 1 期。

一座拱宸桥　半部杭州史

通贯五大水系的京杭大运河，始建于春秋战国时期，起初开凿是出于战争的需求。春秋时，吴国国主夫差为了北上伐齐，命人开凿了邗沟，以实现运输军粮辎重的目的。在此之后，其他诸侯国也陆续开凿过一些河段，但都只是短程的小型运河。直到隋王朝统一天下之后，隋炀帝动用百万百姓，贯通了南北运河，而此次所修的运河包括直达杭州的江南河段。

位于杭州拱墅区、横跨京杭大运河的拱宸桥是江南运河到达杭州的终点。

"拱宸"二字出自《论语·为政》："子曰：'为政以德，譬如北辰，居其所而众星共之。'""共"通"拱"，"辰"通"宸"，众星拱北宸，喻指百姓对皇帝的拥戴。

那么，拱宸桥修建于哪一年呢？

明崇祯四年（1631），杭州商人夏木江在运河畔开了五家酒楼，因经营有方，生意很是红火。他早年也是个读书人，只因数次科举不第，灰了心，这才弃儒从商。夏木江做生意的本金是岳家资助的，当年岳父看他为人中正又擅长应酬，便将女儿许给了他。婚后不久，岳家便出了本钱让他外出做生意，这已是十几年前的事了。如今他在运河畔已经是颇有名望的商家，平常多与当地富绅来往，亦和一些举人、秀才交情匪浅。

一天，闲来无事，夏木江坐在河畔喝着茶晒太阳，晒着晒着他想起了当年读书的光景，思量着如果一直没有放弃读书的话，到今日或许也有功名在身了。这便是酒足饭饱忆往昔，徒生不足之心。正沉浸在过往中时，忽然有人拍了拍他的肩膀，打断了他的思绪。

"夏掌柜今日好清闲。"来人是与他素来交好的举人祝华封。

"哟，是祝老爷！快里边请！"夏木江赶紧起身把祝华封让进店里。

"我今天来找你是有大事要商议。"祝华封神情严肃地说，"呈请建桥的事已经批下来了。"夏木江一听见这个话，忙问道："几时批复的？经费从哪出定了没有？"

"正是这件事为难。程大人说陕西连年灾荒，民心不稳，又有李自成与张献忠部会合，朝廷恐有大事发生，叫各省做好军需储备。所以，如今拨不出钱来修筑桥梁，看来只能咱们自己筹款了。"

夏木江略作思忖即说道："要说筹款也并非不可行，祝老爷要是信得过我，这事儿就交给我来办，如何？"

祝举人见夏木江如此痛快，心中甚喜，说道："我平日就说你是个心中有大义的儒商，看今日行事，果然叫人钦佩！那这事就托付给夏掌柜了。"说着向他拱手行礼。

两人客套一番之后，祝举人离去，夏掌柜随即拿过算盘和纸笔，开始筹划。

几天后，在夏掌柜的酒楼上聚集了十几位邑绅，都是夏木江请来准备动员筹款建桥的当地富商老爷们。闲言少叙，且看他们是如何筹集桥款的。

"诸位今天能来，夏某人感激不尽！"夏掌柜拱手称谢道。

"此次所为何事，想必大家也听说了。"夏掌柜走到窗边推开窗户说道，"咱们跟前这条河是运河南段的终点，漕运船只的出入，商贾民船的往来，都在此间。但每到夏秋时节，河水暴涨，渡舟总是被掀翻，坏了许多人的性命，故建桥一事刻不容缓。另外建桥一事也事关全城的风水：杭州地气向东南而趋西北，西湖和苕溪汇流于此，直泻不留，正属风水所忌，所以须得建桥来镇锁。"

说到此处，夏木江走到祝华封身旁，拍着他肩头说道："举人祝老爷月前向州府呈请，建桥的事已经得到府官批准。只是建桥工费浩繁无出，须得募捐。各位都是咱杭州城有头有脸的人物，所以今天请了大家过来，还望各位仁兄不要怪小弟唐突。如果此事能得诸位慷慨援手，功成就指日可待了。这桥若是建成了，既造福乡民，也给咱们自己提供便利，再得那么一点后世的名声，也就不虚此生了不是？"

众人听得这番说辞，有的笑而不语，有的点头称是。

祝华封紧接着说道:"这事既是我起的头,我先出资一千两。"

"实不相瞒,我也有过这个念头,只是一条河的距离,来往却十分不便,早就该造一座桥了。"盐商林老板怕落于人后赶紧说道,"我出三千两!"

"林老板果然有气魄!"

"这样的好事,咱也不能落后了,将来能在功德碑上写上一笔,既光荣又有功德。但咱是小买卖,比不得您几位大手笔,只能拿出五百两了。"八仙茶坊的孙老板笑着说道。

……

一天下来,已然筹了八千七百余两。消息传开后,陆续有人加入捐资行列,最终筹得银钱一万一千零二十六两。

"这些钱应该足够了,如果有缺,由我悉数补上,只是鸠工庀材等事还得劳烦祝老爷费神。"夏木江谦和地说。

"夏掌柜辛苦了这些日子,大有所成。接下来的事我自有主张,咱们今日且痛饮一番。"夏祝二人并几位乡绅便在夏掌柜的酒楼吃了顿酒,庆祝他们首战告捷。

几日后,祝华封请了工匠民夫开工建桥,历时两年半方才完工。府官为新桥题名"拱宸桥",一是表明在杭州城北面的位置,二是表达了大明百姓对皇帝的拥护之情。

虽然百姓拥戴其君主如众星拱北辰，可惜明王朝并没有像北极星那般恒久。崇祯十七年（1644），李自成攻陷北京，崇祯帝自缢于煤山，朱明王朝宣告灭亡。

天下巨变，斗转星移，虽此"宸"已非彼"宸"，但拱宸桥并没有随之覆亡，它依然横跨在大运河上迎来送往。一直到了清顺治八年（1651）春三月，因连日暴雨，河水上涨，泡垮了桥墩，等到河水消退后，桥面也坍塌了。

我国古代南方石桥很多为薄墩薄拱式石桥，主要是出于土质松软的考量，但这也导致桥的坚实度不够，易被洪水冲毁。此次坍塌后并没有及时进行修复，让拱宸桥以残躯垂卧在运河上六十多年。

直至清康熙年间，才有里人孔巨卿、王采臣等讨论起复建之事。

修桥缘由与崇祯年间始建此桥时差不多，无非出于民命攸关和风水考量。

当时由孔巨卿以公文向县里呈报，审批不日即获通过。后有邑绅徐潮、章藻功、龚翔麟等人参与其事。

徐潮乃进士出身，在康熙四十九年（1710）因病以吏部尚书致仕，时年六十有四；章藻功康熙四十二年（1703）进士及第，后来只做了五个月的官便托病辞官，回乡侍奉老母；龚翔麟，号蘅圃，以藏书家和文学家闻名于世，为人素来耿直。三人皆是当时的杭州名流。

"听闻老先生身体有恙，我便约了蘅圃来探望，老先生现在觉得怎么样呢？"章藻功说着，把带来的人参交给了身边伺候汤药的小厮，"这两支参是关外的朋友给带来的，比市面上买的要好些，回头给你家老爷煎了服用。"

"人老了，总有些毛病的，不妨事。你们这次来，倒叫我想起一事。听小儿说拱宸桥要重修，到底是怎么一回事？"徐潮病容惨淡，强撑起身体，靠在床头。

两人听到这话，对视了一眼，似是不忍让这些事再去烦扰这位一生清廉正直的老翁。

"徐老在病中，还这样关心乡里事务，我等后生，心中万分钦佩！既然先生问了，我就说给先生听听。这事是去年孔兄巨卿向县里申报的，后来大家听说了都很赞同，就商议着要把这事办成了。"龚翔麟说道。

"想来主要还是钱的事，有没有商议出个头绪来？"徐潮果然是当了数年户部尚书的人，一句话就问到关键上。

"先生说到点上了！我与章兄都收到了藩台段大人的帖子，约了初五去府衙商议此事。"他们说的藩台段大人便是当时的浙江布政使段志熙。

"有段大人出面，老朽也就放心了。"徐潮说着面露欣慰之色。

段志熙于康熙五十二年（1713）任浙江布政使[①]，其人仁厚有德，体恤民情，关心民生，在职期间政绩显著。重修拱宸桥既是他造福乡里的壮举，也是使他留名史册的个人功绩。

段志熙在得知修桥之事后，就邀请了当地有名望的士绅共议此事，议会当天更是首捐白银五千两，用以采买石材、召集工人。段公的这一行为，在乡里备受推崇。云林寺（即灵隐寺）的谛辉禅师也捐了四百两，又命他的徒弟浮木前去各处募集。有此二人为楷模，远近乡民纷纷响应，最终募得银钱五千多两。

工费到位后，于康熙五十三年（1714）二月十六日开工起建，于康熙五十六年十二月十一日（1718 年 1 月 12 日）竣工。计费石价银三千一百四十两有余，木价银二千二百二十两有余，石匠、木匠、开河、运土各工银二千四百四十两有余，杂费银二千七百五十两有余，共费银一万零五百五十余两。重建成的拱宸桥长三十四丈五尺，高四丈八尺。

章藻功在功成之后写了一篇《拱宸桥记》，《民国杭州府志》节要如下：

> 去北新关外可三里许，河面较阔，河身较深，圣湖、苕川二水皆汇注于此焉。漕艘之所出入，百货商贾民船之所来往。风起冲击，势至险也。术家又言，省会地气向东南而趋西北，直泻不留，不可不有以锁镇之。相厥地形，为扼要处所，则拱宸桥所宜亟建也。桥圮迄今六十余年矣，方伯段公甫下车咨间阎利弊，当兴当革，拱宸一桥关系省会甚大，毅然为之。自创始以迄落成，凡三年。

这篇记文表述的内容与夏木江造桥之初说的话相差不大，开头讲到了拱宸桥的重要性，"漕艘之所出入，百货商贾民船之所来往"都在这座桥。又说到了风水的问题，"省会地气向东南而趋西北，直泻不留，不可不有以锁镇之"，而桥塌至今已有"六十余年"，所以段志熙在咨询居民意见、衡量利弊后决定重建此桥，"毅然为之"，三年落成。

重修后的拱宸桥像一道飞虹一样立在地平线上，千万双鞋履日复一日地从它身上走过，再没有人因为无桥而溺亡，其利百端而功垂不朽。

及至雍正四年（1726），拱宸桥出现了桥墩裂缝、桥面破损的情况，乡人呈请修复的文书上交到了浙江巡抚李卫的手上。当时李卫正兼任着两浙盐政使，忙着整理盐务，无暇顾及。到了雍正五年（1727），李卫升任浙江总督，兼管巡抚事，便将修复拱宸桥的事项提上日程。

一日，李卫带着僚属去查看拱宸桥的损坏情况，道员汪公佐在视察时提出加厚加宽桥面的建议："若只是将破损处修复，恐怕不能维持长久。这段水域河面宽、河身深，春季雨水又多，一旦涨水，很容易对桥身造成冲击。此桥始建于崇祯四年，在国朝顺治八年的时候就塌了，算来只维持了二十年。再到康熙五十六年重修完成，迄今也不过十年就出现了破损，说明桥本身的宽度和厚度不足以应付可能会出现的状况。"

李卫点了点头："说得有理！依你看，这桥加厚加宽多少为宜？"

"下官不敢信口开河，具体如何实行，还得匠人定夺。"

李卫听得他如此说，也不再多问，只道："我看了呈请文书，前两次修筑都是募捐的工费，咱们也效法前辈，不动公款了。以我为首，各级官员都捐些俸银出来筹集建桥经费，出资多少根据自身情况裁夺就是了。"诸人听了纷纷赞同。雍正朝官员养廉银颇高，集资万余两也并非难事。何况上级发了话，又是积功德的事，自然无人反对。

此次加固后的拱宸桥格外牢固，安然存世一百三十多年。拱宸桥曾见证了朱明王朝的衰败，也目睹了清王朝的崛起，更亲身经历了晚清的动荡和外敌的入侵……

咸丰十一年（1861）前后，太平军在拱宸桥桥心设置堡垒。后来在桥上发生了数千人持械相搏的激烈战斗，导致桥身不支，几近坍塌。

光绪十年（1884），浙江按察使德馨因里人请言复兴此桥，遂向浙江巡抚刘秉章呈报其事。不久，德馨擢升江西巡抚，于是刘中丞派了丁丙主持修桥事宜。

丁丙是钱塘人，自幼好学，一生淡泊名利，未曾入仕，又富有资财，热爱藏书，是清末著名的藏书家，对杭州贡献颇大。在他的主持下，拱宸桥完成了重建，建成后的桥长二十一丈四尺，宽一丈三尺，桥下有三洞，中洞宽四丈六尺，左右洞各宽二丈六尺。

光绪二十一年（1895），清政府与日本签订了丧权辱国的《马关条约》，杭州被列为通商口岸。拱宸桥是运河南段的终点，又是杭州水运的"北大门"，不管是离杭的行人还是远来的船只，都绕不开它，国难时期的屈辱它自然也是躲不掉的，被辟为日租界。光绪二十二年（1896），在此处设立了"杭州关税务司署"，即通常所说的"洋关"。直到抗战胜利后，洋关被废除，租界被收回，拱宸桥才不必再承外辱之铁骑车轮。

"一座拱宸桥，半部杭州史。"拱宸桥始建于明末，又在清朝几毁几修，但最终承受住了岁月的冲击，屹立至今。它就像一位智慧且长寿的老人一样，坐在大运河畔看着朝代的更迭，经受战争的洗礼，在暴风雨过去后，依然安静地看着杭城的兴衰荣辱、世事轮回……

参考文献

1.〔清〕魏峨修，袭琏等纂：《康熙钱塘县志》，康熙五十七年（1718）刻本。

2.〔清〕通文主人编：《皇朝舆地通考》，光绪二十九年（1903）上海通文书局石印本。

3.〔清〕龚嘉俊等修，李榕等纂，陆懋勋等续修，吴庆坻等重修：《民国杭州府志》，民国十一年（1922）铅印本。

第二章

器与物：传承千年的馆藏珍宝

　　杭州西湖区双浦镇下杨村的昙山南侧，有一处题名石刻，为南宋思想家朱熹的真迹，记载了朱熹自杭返闽途中偕弟子同游昙山的情景。这也是杭州迄今发现的唯一一处朱熹题刻，极为难得。朱熹在《答黄道夫》中说："理也者，形而上之道也，生物之本也；气也者，形而下之器也，生物之具也。"古人远离我们而去，如梦幻泡影，如露亦如电，他们的道，他们的精神，除了凭借传承下来的言语文章来体悟，还要靠他们留下来的器与物来固化与留存。

　　例如，杭州博物馆的镇馆之宝——出土于杭州市半山镇（今半山街道）石塘村的战国水晶杯，是迄今为止我国出土的早期水晶制品中器形最大的一件，也是我国第一批禁止出国（境）展览的 64 件国宝之一。它通高 15.4 厘米，圈足高 2 厘米，口径 7.8 厘米，底径 5.4 厘米，敞口平唇，斜长直壁呈喇叭状，深腹，圜底，圈足外撇。其形制非常现代，极富穿越感，除了杯壁略厚一点，其简洁风格跟如今的玻璃杯毫无二致。它的主人是谁？跟杭州有何关系？为什么会拿来陪葬？古代工匠又是如何制造出工艺如此高超的水晶制品的呢？没有任何文字记录。种种谜团，都只能从这透明的、略带一点淡琥珀色的杯体中去参悟。

这也正是考古的魅力：让我们看到了"写"下来的和"挖"出来的像是两个世界，这些留存下来的物品能够给我们带出一段更为客观、少经人为侵扰的历史；让我们可以通过文物，更近距离地与千百年前的文明展开对话。当历史文献无法作为判断依据时，就试着让文物自己来开口说话。

相比水晶杯，同样来自战国的、现藏于浙江省博物馆的者旨於睗剑就太幸运了。它既是一件文物，也是一份文献，把道与器、形而上与形而下完美地结合在了一起，千年不锈，用寒光熠熠的铭文将其主人的名字、身份、国别、时代等等重要信息和盘托出。当年在竹简上书写《说剑篇》的庄子，或许就见过这样的"佳兵"。

佳兵不祥，是因为它会带来战乱。但上佳的乐器，只会带来享受、书写传奇。同样藏于浙江省博物馆的唐彩凤鸣岐七弦琴就是这样的乐器，它和金沙遗址内的良渚式玉琮一样，再次将蜀地与杭城奇妙地勾连了起来。2010 年 11 月 19 日，14 位来自海内外的古琴大师用此琴配上其他乐器奏响唐乐，又将古与今奇妙地勾连了起来。

国画也是勾连古与今、结合道与器的一种上佳载体。所谓"诗书画印"四艺，常常是不分家的，欣赏国画的过程往往也是品味诗歌、书法、篆刻的审美历程。回望"画中之《兰亭》"——《富春山居图》的前尘往事，自然也是一次欣赏美的历程。它虽然残损为二，前半卷与后半卷更只能隔海相望，却也让杭州那天下独绝的奇山异水，以纸本水墨画的形态，牵挂住了两岸中华儿女的同一份乡愁。

天下一绝的古越国青铜宝剑
——者旨於睗剑

公元前 463 年，薛烛离开秦国，经楚国郢都入会稽，前往赤堇山凭吊欧冶子遗迹。赤堇山是越王允常时期的著名铸剑师欧冶子的铸剑之所。之后他寻道北上，前往越国新都拜会新任越王。

时任越国国王鹿郢是勾践之子，在位已六年。公元前 473 年，勾践攻入吴都，夫差自尽，勾践遂成为春秋霸主之一，越国国力空前强盛，鹿郢便是在此时即位的。

鹿郢在位时间虽短，却铸造了大量的兵器，这既是基于父亲留下的强大国力支撑，也是大国强兵的必然。鹿郢铸造的兵器，大部分是青铜剑。虽说越国已迁都琅邪，但越国的铸剑之所还是在吴越之地。

越国的青铜剑在历史上享有盛名，《庄子·刻意》云："夫有干、越之剑者，柙而藏之，不敢用也，宝之至也。"从后世发掘出来的越国青铜剑可知，此言非虚。

而在古籍中最为史家所乐道的则是欧冶子所铸的五柄宝剑，这些剑的最初持有者是越王允常和勾践，后来流落到了不同的诸侯国。秦国人薛烛作为我国古代著名的相剑师之一，曾品评过其中的两柄。在勾践时期，他游历到越国旧都会稽，拜谒了越王勾践，勾践当时收藏有五柄名剑，其中纯钩、巨阙两柄是欧冶子所造，是他的父亲允常传给他的。

此次薛烛再临越国，已是物非人亦非。现任越王鹿郢也是嗜剑之人，他听说薛烛到了新都，便召他入宫觐见。

是日，薛烛身穿齐膝绣纹上衣，丝绦束腰，佩一把青铜剑，一大清早就入了宫。越王初见薛烛，见他品貌不俗，心中甚喜，便和他聊起了昔年与先王勾践品剑的事。

"先生自秦国来？"

"正是，大王即位，又迁新都，臣特来恭贺。"

"闻得先生还去了旧都，想是怀念故人了。"

薛烛感慨道："时隔多年，先王薨逝，会稽也已非王都，臣已无故人可见，便只去了赤堇山。"勾践和薛烛也算是知交，所以说到此事，薛烛难免有些悲伤。

鹿郢点了点头，又道："先王曾与寡人说过，先生相剑之术乃当今一绝，当年先生评纯钩之事至今在越国境内仍为人传颂，遗憾寡人未曾亲历。"

"大王过誉了，先王所藏宝剑确都是稀世珍品，臣能得一见，也是平生幸事。"

鹿郢点头道："当年越国有欧冶子，楚国有风胡子，吴国有干将，现在想来，彼时真可谓是名家辈出。欧冶子曾为先祖铸得五枚宝器，如今仍在宫中的只有巨阙一柄了。"

"当年欧冶子因天之精神，悉天之伎巧，造剑大刑三、小刑二：一曰湛卢，二曰纯钩，三曰胜邪，四曰鱼肠，五曰巨阙。吴王阖闾之时，得到了胜邪、鱼肠、湛卢三剑，但阖闾无道，他在子女冥逝时，杀了许多百姓殉葬，湛卢剑便弃之而去了。"

"此事寡人也有耳闻，人言此剑为楚昭王梦中得之，不知是否属实？"

"臣此番来越时，途经楚国，特意去了楚都郢郅，意欲一见湛卢。"

"哦？先生可曾得见？"鹿郅兴致勃勃地问道。

薛烛摇头道："未承想楚惠王说他并未从昭王处继承此剑。当年秦王也想得到湛卢剑，为此兴兵伐楚，兵临城下时，向楚昭王求取宝剑，言若得宝剑，必班师回朝，奈何昭王不许。此后诸国之间还有了这样的传闻：君有道，剑在侧，国兴旺；君无道，剑飞弃，国破败。郅臣只是一名小小的剑师，又是秦人，楚惠王不愿将宝剑示我也是在情理之中的。"

"如此便罢了，不知先生是否去过吴国，见过鱼肠、胜邪二剑？"

"鱼肠剑在当年专诸刺杀吴王僚后便不知踪迹，臣到吴国姑苏台时，只见到了胜邪。"

鹿郅听了，喜不自胜，连忙问道："依先生看，胜邪剑如何？"

薛烛沉思片刻道："非宝剑也。宝剑须得五色并见，不能有一色更胜，胜邪没有做到这一点，是擅名了，不算宝剑。"

"先生当年评巨阙之剑，言宝剑当金锡和铜不离，然而巨阙二者相离，也不算宝剑。"

"正是，独有纯钩算得剑中绝品。手振拂扬，其华捽如芙蓉始出。观其釽，烂如列星之行；观其光，浑浑如水之溢于塘；观其断，岩岩如琐石；观其才，焕焕如冰释。"

意思是说宝剑抖动之时，其光彩有如清水出芙蓉一般。细看剑身上的文彩，则如天上群星闪烁般灿烂；看剑的光泽，像水从池塘满溢出来那样涌动；细观剑锋，又如琐石一样高峻；再看剑的材质，正像严冰融解一样鲜明晶莹。

"寡人闻欧冶子造此剑时，赤堇之山，破而出锡；若耶之溪，涸而出铜；雨师洒扫，雷公击橐；蛟龙捧炉，天帝装炭；太一下观，天精下之。如此惊天动地，才铸得这般宝剑。"

鹿郢所说的赤堇山，正是产锡的地方；若耶溪，则是取淬剑之水的地方。此山此水都在浙江境内。所谓"雨师洒扫，雷公击橐；蛟龙捧炉，天帝装炭"，是对铸剑仪式的形容。虽然我们知道并没有雨师雷公，更没有天帝和蛟龙，但也可以通过这样的描述想象铸剑时壮观的场面。

薛烛点头道:"铸剑有讲究,须得天有时,地有气,材有美,工有巧。兼具此四者,然后可以造良器。而吴越之金锡,正是材之美者,又兼此地有欧冶子、干将这等技艺卓绝之人,所以吴越之剑才能天下无匹。"

"先生所言甚是,只是如今赤堇之山已合,若耶之溪深不可测,欧冶子已死,纵万金也难得一把越绝剑了。"

"此次来新都,臣原是为一睹大王新铸宝剑的,只是不知是否有此荣幸?"

此处我们对吴越剑器做个简单介绍:剑被世人称为"百兵之君",历来为社会各阶层所追捧。春秋战国时期征战频繁,各诸侯国都需要铸造大量的、各种形式的兵器。吴越之地水多陆少,不宜车战,又因当地居民长于泅水、习于乘舟而又健步善走,所以使用的兵器以短柄剑为主,也就需要铸造大量的短剑来满足战事需求。勾践灭吴后越国国土面积剧增,所铸兵器也数量庞大,鹿郢在位六年期间,新造的兵器甚至多于勾践在位三十余年所造的,光随身佩剑他就有十数柄。

鹿郢在听了薛烛的话后,不无自豪地说道:"昔年先王卧薪尝胆,举国同心,奋力多年,才得一举灭吴,洗刷耻辱。寡人秉承先王遗志,必得力保我国百世之业,是以不得不大兴兵力。"

薛烛闻言点头不语。

鹿郢看着他笑了笑,也不再多说,只是吩咐侍从唤剑师进殿。

不多时,就有近侍带着一位老者进了大殿。但见他穿着右衽粗布麻衣，头发辫起盘在头顶，手上捧着一只漆匣。

"这是寡人的铸剑师之鹄^①，他是欧冶子的亲传弟子，今日便由他为先生介绍寡人的藏剑如何？"

薛烛起身行礼道："有劳先生了！"

之鹄回了礼，却并不答话，而是走到薛烛身旁，若有所思地看了看他，随后慎重地打开漆匣。匣内瞬时吐出逼人的寒气，原来装的是一柄青铜宝剑，长约二尺，旁边放着一把剑鞘，是用两块薄木片黏合而成，外用丝线缠缚加固，再髹以黑漆。

薛烛见了惊讶不已，拿起宝剑细细观看。只见该剑表面平素光滑，剑体宽阔，中脊起线，双刃呈弧形，于近锋处收狭，乃越剑之常制。茎部实心，近首处渐粗，呈喇叭形。茎有箍二周，箍上装饰有变形夔纹，其纹饰极其精妙，延伸至两边。首部作圆盘状，饰同心圆环

① 本书虚构人物。　　　者旨於睗剑及剑鞘

五道。剑格两面铸双钩鸟虫书铭文，正面为"戉（越）王戉（越）王"，反面为"者旨於睗"。字口间镶嵌着薄如蝉翼的绿松石。

该剑铭文"戉王戉王，者旨於睗"，其中："戉王"即是"越王"；"者旨"是越王的氏，读"诸稽"；"於睗"是名，即鹿郢。史书又载越王名为"与夷""鼫与"，这是同音通假或中原音记的缘故。越国使用的是古越语，与中原语有别，所以史书记载时会有同音不同字的情况，我们遵从史籍称呼其为鹿郢，但他本人佩剑上所纹"於睗"二字应该才是他的本名。

言归正传，薛烛在观摩了此剑后，问之鸹道："这把越王剑表面似乎略有不同，抛光后是否还涂了其他物质？"

之鸹笑道："先生真是慧眼如炬，此剑经过特殊处理，可保千年不锈。"

薛烛知道这是铸剑师的绝技，就不再深问，转而言道："如今的越国剑不同以往了，铭文移到了剑格上。"

"确是如此。铭文铸于剑格难度更高，这样做能展示出更高的铸冶技艺。"

"这是用剑箍范铸造的吗？"

"不，剑箍范做不出这般精细的纹线，即使是极高超娴熟的内雕手法也难以完成。此剑铭文是用熔模之法所铸。需先用蜡雕刻出对半分范的、各向均有凸起纤细纹饰的剑箍木模，再在模上制出外范。待外范干燥后，将外范连同蜡模入窑烘焙，蜡模熔尽流出，就可得到有

者旨於賜剑之剑格

纤细纹饰的外范了。"

薛烛依然凝神观剑，听了之鸬的介绍也不应声。鹿郢遂道："铸剑的细节想必先生是熟知的，之鸬不说也可以。"

薛烛忽然摇头道："并非如此，铸剑过程的些许差别对宝剑的光泽和韧度都有不小的影响，所以还要劳烦先生再为鄙人解说一番。"

之鸬颔首言道："此剑先铸剑身，同时铸出一段外径较小的剑茎，再另外制出有剑格、剑箍、剑首和剑茎的分范，将其合于剑身及外径较小的剑茎之外，再次浇筑铜液，形成整体的剑格、剑箍、剑首和剑茎，并使之与剑身铸合成一体。如此便有了完整的剑体。"

薛烛道："这确是越剑的典型铸造法，此剑莫不是

者旨於賜劍之劍莖

先生所铸？"

之鸹急忙摇头道："并非老朽，此剑铸造者已经离世，我只是负责保管。"

薛烛看着剑茎上隐约可见的垫底丝织品痕迹说道："这似乎是越国特有的平纹绢。"

"先生所言不差。"

"此剑衔金铁之英，吐银锡之精，寄气托灵，有游出之神。服此剑，可以折冲伐敌。"薛烛称赞道。

鹿郢听了，十分高兴，继而说道："寡人曾试过此剑，肉试则断牛马，金试则截盘匜；薄之柱上而去之，则折为三；质之石上而击之，则碎为百。"

意指用肉试，则可斩断牛马；用金器试，则可以截断盘匜；搏击柱上，则能将其削成数段；将石头放在垫板上用此剑去砍，则能使石头碎为百屑。这几句都在形容此剑的锋利。

"此剑堪称剑中之极品、稀世之珍宝！"薛烛再次赞叹道。

鹿郢本就极爱这柄宝剑，今得薛烛这般称赞后，更是对它爱不释手。

鹿郢离世之后，这把剑去向不明，直到 20 世纪 90 年代才出现在市面上，推测是盗墓者挖掘后售出。

据青铜器专家马承源所述，此剑发现于我国香港市肆，后在上海博物馆的协助下由杭州钢铁集团出资百万购回，从此成为浙江省博物馆的镇馆之宝。

在 2500 年后的今天，此剑依然完好无损。尤其珍贵者，剑体未有绿绣腐蚀，大部光亮如新，青铜质地未有任何改变。一如薛烛所言，正是剑中极品、稀世珍宝。购回时剑的漆鞘犹在，表面光洁如新，而且有平行之密棱，是越国王室髹漆工艺极其珍贵的实物资料。

学者李学勤在鉴赏此剑之后说："旷世奇珍！在我一生里面能看到这样一柄剑，是很大的幸福。"马承源也认为"在已发现的千件古剑中，难能有一件与之相匹"，此剑与越王勾践剑，可并列为越剑之双绝，均是国家之重宝。

从目前已发掘的众多越剑看来，者旨於睗剑是春秋战国时期吴越地区冶铸水平到达高峰的一个典范。

参考文献

1.〔东汉〕袁康、吴平辑录，俞纪东译注：《越绝书全译》，贵州人民出版社，1996 年。

2.曹锦炎、马承源、李学勤等：《浙江省博物馆新入藏越王者旨於睗剑笔谈》，《文物》1996 年第 4 期。

3.李缙云：《记浙江省博物馆新入藏的越王者旨於睗剑》，《收藏家》1996 年第 4 期。

铁打的名画　流水的名家
——黄公望《富春山居图》

　　富春江位于钱塘江中游，流贯富阳、桐庐两区县，风景秀丽、水色佳美，有"天下佳山水，古今推富春"的说法。元顺帝至正年间，大画家黄公望归隐富春江畔，应其师弟郑樗所请，为他作了一幅《富春山居图》。这幅画后来成为"中国十大传世名画"之一，是国宝级文物。

　　当年黄公历时数年完成此画，之后此画四处流转、几经波折，甚至断为两截、险些被毁。但它的价值并未因不完整而有所降低，数百年来它始终是书画爱好者争

〔元〕黄公望《富春山居图·剩山图》（局部）

相收藏的珍宝，而且多次被名家摹仿。如今这幅画的前半截以《剩山图》之名藏于浙江省博物馆，且作为浙博的镇馆之宝深受观众喜爱。后半截以《无用师卷》之名藏于台北故宫博物院。2011 年，这前后两段终于在台北故宫博物院合璧展出，完成了它们分开三百多年后的第一次相会。

且让我们走进富春山，回到元王朝，看看这幅画经历了怎样的传奇……

至正十年（1350）端午将近，富春山中依然凉风习习。尤其是这天傍晚，刚下了一场雷雨，景色分外迷人，恰如藏春散人刘秉忠所言："一阵西风吹雨散，夕阳还在水边明。"

老画家黄公望背着皮囊，踩着湿滑的山路走回居住的道观。皮囊内装着的便是画具，他近来每日黄昏都要去富春江畔写生。

"无用师弟最近催得紧，不能再拖了。"他边想边推开房门，谁知刚踏进一只脚就被人拽住了胳膊，吓得这位年逾八十的老翁险些升仙。

"师兄，我今天有一件顶要紧的事要跟你说，你快进来。"那人说着话便把黄公望拉进了屋子。

来人正是他那冤家师弟郑樗，字无用。

"你这老顽童，今日又兴的什么风？莫不是成心要吓死我？"

无用不理会师兄的抱怨，皱着眉头神情严肃地说道：

"我细想了想，你这画这样放在观中，无题无名，很有可能被人巧取豪夺了去，到时候我怎么讨得回呢？所以你得先给我题跋，只要有了跋文，便不怕它丢失。"

黄公望看了他的样子不禁哈哈大笑："你名樗，字无用，又号散木，原该超尘脱俗才是。可你倒好，日日记挂得失，看来这名起得果然无用，哈哈。"

"师兄莫要笑我，你这名倒起得有用，打小的身世都起到里头了。"说着气呼呼地坐到一边。黄公望看着他作小儿态，心中更是得意。他素来喜欢这个师弟的天真活泼，日常便以打趣他为乐。

无用所说打小的身世是什么呢？如何便在黄公望的名字里头了？

原来这黄公望是常熟人氏，本姓陆，生于南宋咸淳五年（1269）。因幼年便父母双亡，后被平阳黄氏收养，遂改姓黄。他黄家老父本有偌大家业，却一生无子，心性又与旁人不同，不愿随意过继子嗣，还说："吾宁可无子，也绝不要蠢子。"黄公望父母俱丧后无依无靠，养在平阳表亲处。机缘之下，遇到了年逾九十的黄老儿，这也是两人的缘法到了。

黄老儿和小公望偶遇交谈后，觉得此子天赋异禀，聪慧机敏，心中大喜，于是在亲友的见证下过继小公望为子。

"叔公望子久矣，今日得遂心愿，可喜可贺。"黄氏族长对这位老人向来敬重，看他终于得子，也为他高兴。"既然过继，就要记入族谱了，看写个什么名字呢？"

黄公望像

"族长方才一句话倒是提醒了我，既然黄公望子久矣，便叫黄公望如何？"黄老的忘年交冯秀才说道。

"好好，这名字甚合我心！如此就名公望，字子久吧。"黄老儿拈着胡须笑得满面春风。

自此，黄公望作为平阳黄家的后人受教进学，还参加过"神童科"考试。黄父对公望十分慈爱，关怀备至，延请名师，督促学业，都不在话下。他在平阳度过了快乐又充实的青少年时光。公望感念老父对自己的恩情，事之如亲父，且在自己年老体迈的时候又回到了浙东黄家，一生自称也是"平阳黄公望"，可见黄公望与平阳黄家感情深厚。

元世祖至元二十九年（1292），元初名臣徐琰升任江南浙西道肃政廉访使，当年黄公望二十四岁。徐琰也是著名散曲家，"东平四杰"之一。到浙江后，他听闻了黄公望的才名，于至元三十一年（1294）征召他为书吏。一日，黄公望穿着道士服拿着文书来向徐琰汇报公事，徐琰责怪批评了他。黄公望一气之下，索性离开府衙，浪迹江湖去了。后来他入了全真教，自号大痴道人，又号一峰，世人称其为"大痴黄公望"。

黄公望听了无用师弟的话，嘴上虽然打趣他，心里却也认同他的说法。世人只道一首诗、一幅画，都来得平常，却不知创作过程的艰辛。唐诗有言："吟安一个字，拈断数茎须。"正是道此理。作画尤为不易，譬如画石，用藤黄水浸入墨笔，便可自然润色，但也不能多用，多了便要滞笔，间或用青螺入墨也妙。自己平时在皮袋里装着画笔，到了有好景致的地方，看见怪异的树木，就要临摹记写，这样作出来的画格外有市场。想到此，黄

《富春山居图》上黄公望的跋

公望便应了师弟的请求。几天后在松江知止堂与无用、夏濬等人同过端午时，黄公望于画作的尾部题了跋文。其文如下：

　　至正七年，仆归富春山居，无用师偕往。暇日于南楼援笔写成此卷，兴之所至，不觉瀑瀑布置如许，逐旋填札，阅三四载，未得完备，盖因留在山中，而云游在外故尔。今特取回行李中，早晚得暇，当为着笔。无用过虑有巧取豪夺者，俾先识卷末，庶使知其成就之难也。十年青龙在庚寅歇节前一日，大痴学人书于云间夏氏知止堂。

　　跋文大意如下：至正七年（1347），我归居富春山，师弟无用师一起前往。得闲的时候，我于南楼执笔作成这幅画，兴之所至，不觉铺陈这许多。逐渐添札，历时三四年，仍然没有完备，这主要是画作留在山中，而我时常云游在外的缘故。今天特意从山中取回，置于行李中，早晚得空的时候，须得着笔，以期早日完成。无用师弟担心有巧取豪夺者，让我先在卷末题识，希望他们能明白这幅画成就得很不容易。至正十年（庚寅年）端午节前一日，大痴学人书于云间夏氏知止堂。

　　这幅画历时数年才完成，是黄公望一生最得意之作。董其昌曾作评语："此卷一观，如诣宝所，虚往实归，自谓一日清福，心脾俱畅。""吾师乎，吾师乎，一丘五岳，都具是矣。"董其昌的话是说他一看这幅《富春山居图》，便像是到了自由无碍的境界，真是一日清福，心脾俱畅；又说画中的一丘五岳都是他的老师：其热爱崇拜之情溢于言表。

　　说起黄公望与其他画坛巨匠的渊源，就不得不说说他的师承了。元成宗大德三年（1299）到元武宗至大二年（1309），著名画家、书法家、诗人赵孟頫在杭州任职。黄公望便拜入其门下学画，赵孟頫也欣赏黄公望的博学多才，就收入门下，指点他作画精要。元朝有山水画四大家：黄公望、吴镇、倪瓒、王蒙。其中以黄公望为首，王蒙则是赵孟頫的外孙。

黄公望逝世后，《富春山居图》自然为师弟郑樗所保有，但在他也离世后，便不知所终。

直到明成化年间，此画为画家沈周所得。沈周，字启南，号石田、白石翁，长洲（今江苏苏州）人，是"吴门画派"的创始人、"明四家"之一。

沈周得到这幅《富春山居图》后，珍爱不已，日日拿出来观赏，对其构图、用笔、线条、用意等等揣摩透彻，了然于胸。后来沈周将此画拿去让他朋友题字，结果他朋友的儿子起了不良之心，将画私藏，借口丢失，沈周心痛不已。后来此画又被售出，他原想再次买入，奈何没钱，只得作罢。

沈周得宝又猝然失去，失去后又在市肆遇见，见了却又得不到，便是辗转反侧，心焦难安。为了排解愁苦，索性自己背临了一幅。

成化二十三年（1487），沈周凭着惊人的记忆，成功背临出了《富春山居图》，并在画的卷尾题写了仿作始末。现摘录如下：

> 大痴翁此段山水，殆天造地设，平生不见多作，作辍凡三年始成。笔迹墨华当与巨然乱真，其自识亦甚惜。此卷尝为余所藏，因请题于人，遂为其子干没，其子后不能有，出以售人，余贫又不能为。

直以复之，徒系于思耳。即其思之不忘，乃以意貌之，物远失真，临纸惘然。

成化丁未中秋日　长洲沈周识

沈周先是称赞黄公望的原作："大痴翁此段山水"近乎是"天造地设"。然后说：黄公平生没有作画太多，开始作这幅后，用时三年才完成。画的笔迹墨华可以和五代画家巨然乱真，黄公本人也很珍惜这幅画。最后说：此卷曾经为我所收藏，因为请人题写跋文，就被他的儿子昧下，我便再没有这幅画了。后来这幅画又被出售，我贫穷不能买来，所以只能思念它。思之不忘，就凭借记忆临写，物远难免失真，临纸只觉惘然。

纵是不懂欣赏画作的人，看了这样的肺腑之言也

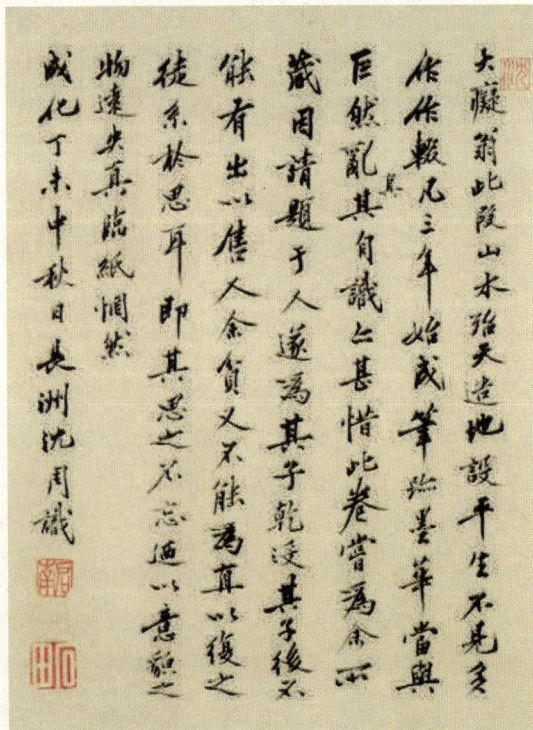

沈周仿作跋

会感动，所以沈周失去画后的心情我们也可以由此体味一二了。

当时有吴郡的节推，姓樊名舜举者，与沈周是至交好友。他在苏州任节推之时，文章政事俱佳，是当地名流。此人不仅酷爱黄大痴的画作，更是推崇大痴人品。他听说沈周失去《富春山居图》后苦闷不已，便在平乐坊设宴，为好友疏解郁闷。

当日作陪的还有当时著名的书画家丹丘先生姚绶。

"启南兄不要过于伤怀，既然你日前在市肆看到此卷，想来东西还在长洲，待我细细寻访，如果觅得，一定把它买回来。"樊舜举安抚道。

"说得正是，节推素来推重黄大痴，且家资颇丰，若有机缘，再将此卷收入，也是一举两得的好事。"姚绶附和道。

沈启南知道樊舜举人品高洁，言出必行，听了他们的劝慰之言，心里也好受了些，便说道："节推既有此意，为兄就先行谢过。大痴真迹我虽见过几幅，但都没有《富春山居图》精妙。此卷墨法笔法深得董源、巨然之妙，风韵全从巨然风韵中来，是大痴一生的巅峰之作，尤为可贵。骤失此卷，当真叫我心内如焚。"

樊节推听了，忙为他斟满了一杯酒："沈兄且放宽心，若为此事愁坏身子倒不上算了。咱们今日只管痛饮，寻画之事，放在我身上就是，保准不叫二位仁兄失望。"

"节推这般说了，这事必然能成。"姚绶附言道，"只是此画不知是否有伪作，若是一时鉴别不当买了赝品，可就不好了。"

沈启南道："这却不怕，此画遁世已久，我也是通过亲友好不容易才求得的，想来暂时还没有伪作。"姚樊二人听得他如此说，就不再疑虑。沈周出身于文艺世家，祖上多与名人雅士来往，且其曾祖与前朝王蒙交情颇深。而王蒙系赵孟頫的外孙，也师承赵孟頫，与黄大痴也算是有同门之谊，所以他有关系得到此画也是说得通的。

沈启南接着说道："说来惭愧，我思大痴画作太切，无以排遣，便背临了一幅《富春山居图》。今日就将此画赠与节推，以表为兄感激之情。"

樊舜举听了欢喜异常，忙起身作揖谢道："能得白石翁解赠真迹，实乃幸事！今日既得了沈兄的仿作，大痴原作无论如何我都得为兄寻了来。咱们且就此别过，待我找到真迹再来拜会二位仁兄。"

"不急不急，石田既然有了佳作，咱们自然是先睹为快。眼看重九将近，依我说，明日我下帖子，请一些同好在重阳节那日一同品鉴此画。一则赏画过节，二来也可借机将节推寻画之事散播开来，叫大家一起留意帮忙，想来也是有些助益的。二位贤弟如果同意，到时就请石田携画过府相聚。"沈周和樊舜举听了连连称好。

重阳赏画之事暂不细说，且说沈周家学渊源，师承杜琼，乃当时画坛领袖，其画作在当时与后世都很受欢迎。他背临的这幅《仿黄公望富春山居图》亦属名品，董其昌后来评价此画说："信可方驾古人，而又过之。"意思是石田仿作不输大痴原画。

重阳赏画之后，樊舜举还请托姚绶为此画作歌，题于卷末。该卷目前收藏于北京故宫博物院。他们相会这年是成化二十三年，不出一年，樊舜举果然将黄公望的《富春山居图》购回。

沈周再次得见此画，感慨万千之余于卷末题文一篇：

> 大痴黄翁在胜国时，以山水驰声东南，其博学惜为画所掩。所至三教之人，杂然问难，翁论辩其间，风神竦逸，口如悬河，今观其画，亦可想见其标致。墨法笔法，深得董、巨之妙，此卷全在巨然风韵中来。后尚有一时名辈题跋，岁久脱去，独此画无恙，岂翁在仙之灵而有所护持耶？旧在余所，既失之，今节推樊公重购而得，又岂翁择人而阴授之耶？节推莅吾苏，文章政事，著为名流，雅好翁笔，特因其人品可尚，不然，时岂无涂朱抹绿者，其水墨淡淡，安足致节推之重如此？初翁之画，亦未必期后世之识，后世自不无杨子云也。噫！以画名家者，亦须看人品何如耳。人品高，则画亦高，古人论书法亦然。

沈周跋

　　跋文中既有对黄公望本人的称赞，如赞其博学多才、风神辣逸；也有对樊舜举重购此画的欣喜和称许，甚至说"岂翁择人而阴授之"，意指黄公望在仙之灵选择了樊舜举继承此画。跋文还提到了画的卷末有跋文脱落，却没有说明是谁的题跋，"后尚有一时名辈题跋，岁久脱去"，这幅画却无恙，所以沈周发出诘问："岂翁在仙之灵而有所护持耶？"

　　这虽是沈周的痴言痴语，但这幅画一路走来，确实经了不少名家的手。

　　隆庆年间，无锡画家谈志伊从长安得到了黄公望的《富春山居图》，后又得沈周的仿作，随后便带着画回到了南京。

　　谈志伊，字公望，一字思重，号学山。

　　隆庆四年（1570），即庚午年，谈思重邀请南京国子监博士文彭鉴赏此卷。文彭是"明四家"之一文徵明的长子，工书画，尤精篆刻。

　　文彭赏画后也在卷末书写了跋文，曰：

　　　　右大痴长卷，昔在石田先生处，既失去，乃想像为之，遂还旧观，为吾苏节推樊公得之，是成化丁未岁也。至弘治改元，节推公复得此本，诚可谓之合璧矣！今又为吾思重所得，岂石田所谓择其人而授之者耶？思重来南京，出二卷相示，为题其后。

　　　　　　　　　　隆庆庚午四月　　后学文彭记

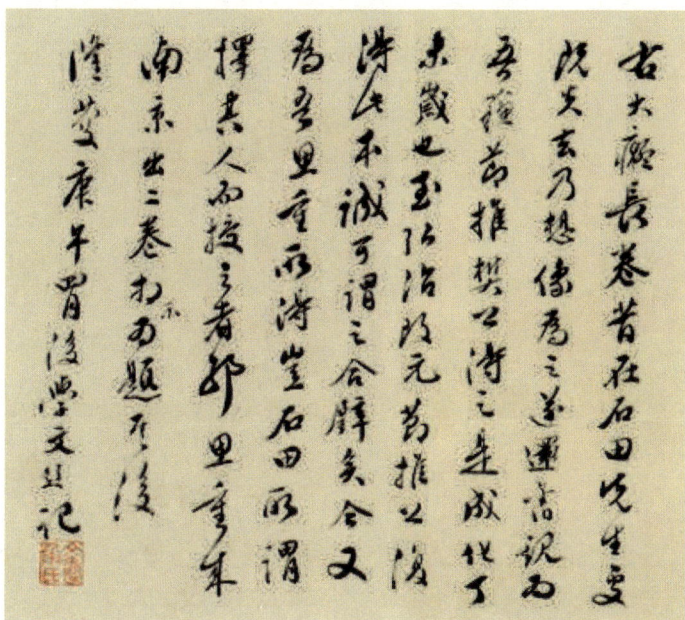

文彭跋

　　文彭讲述了《富春山居图》的过往。"昔在石田先生处，既失去，乃想像为之。"这说的是沈周得画，失画，又背临的事。"遂还旧观，为吾苏节推樊公得之，是成化丁未岁也。"这是说樊节推得到沈周仿作的事。"至弘治改元"，就是成化改元弘治这一年，与成化二十三年不到一年时间，"节推公复得此本"。这样一来，樊舜举一人同时拥有了黄公望原作和沈周仿作，"诚可谓之合璧矣"。同样有幸的，便是谈思重。谈思重到南京后，将这两卷画拿给文彭观赏，并请文彭作了跋文。

　　隆庆五年（1571），即辛未年，又有王穉登、周天球相继观画题跋。王穉登，字百榖，曾拜文徵明为师，幼年即有才名，年长后更是声华显赫。周天球也是文徵明门下，以书画闻名。现将二人跋文摘录如下：

　　隆庆辛未中秋后三日，敬观于梁溪谈氏澄怀阁。

王穉登与周天球的跋

太原王穉登。

　　百穀阅后四十二日，周天球在天籁堂得并观二卷者弥日。

万历二十四年（1596），这幅画到了董其昌的手上。

　　董其昌是晚明时期的著名书画家。他的书法、绘画作品，以及山水画理论，都对后世产生了很大的影响，目前存世的作品颇多。

　　董其昌得到这幅画也费了不少周折。这画原由谈思重赠送给了长安周台幕，董其昌在周台幕处得见。见了之后，他便每每于朝会的间隙，跟着周台幕请求观画，若得观一次，则一整天都心脾俱畅，似到神仙境地。可见他爱此画如痴如狂了。

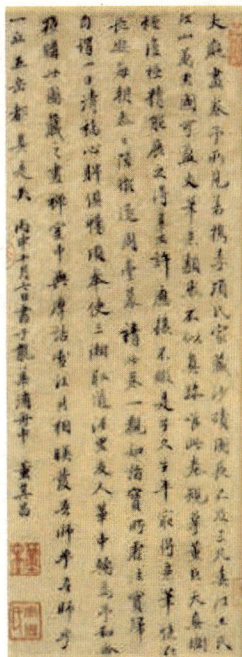

董其昌跋

万历二十四年，他去湖南公干时，路经泾里（今属无锡）。董其昌的朋友华中翰从中周旋，特意为他购得此画。董其昌得画后将其藏于画禅室中，与王维的《雪江图》陈列在一起，相互辉映。

董其昌得画后，在龙华浦舟中写了跋文题在后面。但这篇跋文在画卷被烧之后移到了后半卷卷首，用以覆盖烧痕。其跋文如下：

> 大痴画卷，予所见若携李项氏家藏《沙碛图》，长不及三尺，娄江王氏《江山万里图》可盈丈，笔意颓然，不似真迹。唯此卷规摹董、巨，天真烂漫，复极精能。展之得三丈许，应接不暇，是子久生平最得意笔。忆在长安，每朝参之隙，征逐周台幕，请此卷一观，如诣宝所，虚往实归，自谓一日清福，心脾俱畅。顷奉使三湘，取道泾里，友人华中翰为

予和会，获购此图，藏之画禅室中，与摩诘《雪江》
共相映发。吾师乎，吾师乎，一丘五岳，都具是矣。

丙申十月七日书于龙华浦舟中　董其昌

董其昌也作过一幅《富春山居图》的仿本，名为《仿
大痴富春大岭图》，这卷仿本在 2012 年以六千多万元的
价格被拍卖。

黄公望的原画在董其昌晚年被与他同榜的进士吴正
志买了去，故董其昌的仿作也是在原画售出后思之想之
却不得见的情况下完成的，这点和沈周如出一辙。

到了吴氏手上后，这幅画算是一脚踏入了火坑，究
其原因，则是爱之深，害之切。

吴正志，字之矩，江苏宜兴人，曾召为光禄寺丞，
故又称吴光禄。吴家世代簪缨，家资雄厚，收藏丰富。
吴之矩曾造一座云起楼，他的朋友、东林党领袖高攀龙
题诗中有曰："楼中列万卷，亦贮泉百缶。彝鼎皆商周，
图书悉科斗。"其收藏之富可从此诗中窥见一斑。

吴之矩也因收藏《富春山居图》而闻名于世，后来
他将此画传给他的第三子吴洪裕。这位就是烧画的人。

吴洪裕，字问卿，自号枫隐，一生醉心收藏。他有
一好友，是晚明著名书法家、画家邹之麟，字臣虎。邹
臣虎其实也作有《临黄子久富春山居图》，姑且不论。

只说清顺治七年（1650），吴问卿病重，邹之麟前
去探望老友。

"我一直在等着你来。"吴问卿一句话还没说完，就靠在枕上歇了口气，"上月你来信说要到宜兴，我就叫人将大痴图准备好了。"

邹之麟看着老友身体这般羸弱，心中酸楚，但怕病人看见了更添烦忧，便强压了下去，只说道："你何须着急，好好将养身体才是，跋文什么时候不能题，你又挂怀这些做什么？"原来是吴问卿请邹之麟为他在黄公望的《富春山居图》上题跋。

"我虽痴爱书画，但终究自己不能作。"他顿了顿又说，"现在画上题跋的人，要么是名家，要么是师出名门，如果我也题在上面，总是不大合适。兄素习子久画，又是当今名家，若能为我题写一篇，则是满足了我的夙愿啊。"

邹之麟点了点头："既如此，我今日就写了，好叫你安心养病。"站在旁边侍疾的是吴洪裕的侄子吴静庵，他听了邹之麟的话马上去书房拿画。吴洪裕一生无所出，以长兄之子为嗣子，但他最疼爱的还是吴静庵这个侄子，只因两人都酷爱大痴画作。

"还有一事，说来惭愧。"吴问卿说着面露悲戚之容，"幸得祖辈荫佑，我这一生也算是附庸风雅，名器名物皆有收藏，但生平最爱的还是智永的《千字文》和大痴的《富春图》……前朝时，先父从董文敏（董其昌谥号文敏）手上买得大痴画，见我爱之甚深，便在临终之际将此画留给了我，这几十年因为有了它的陪伴，我少了多少膝下寂寞之苦。"说到此处吴问卿突然住了口，神色复杂地看着邹之麟，似乎是有什么难言之事。

"问卿兄莫不是想让此卷长伴身侧？"

"臣虎兄果然是我知己！此画已在世间流转三百年，历经名家之手，多少人望得一见而不得，我本也不愿让它就此湮没……但我是将此物看得比性命还重的，实在是放不下。国变时，我弃家财不顾，只携带了此卷出走，这件事你是知道的。今番若是不能带着它走，我终是闭不了眼啊！"说罢，潸然泪下。邹之麟听了岂有不动容之理，当即说道："世间之物，随时而逝的不计其数，你既挚爱此物，叫它长随着你又有何妨呢？"

吴问卿听了这话，眼泪更是收不住了，能得知己如此，他一时感怀，竟不知说什么好了。

说着吴静庵取来了画卷，将它铺陈在卧房的长桌上，邹之麟拿起笔墨，一挥而就。但见写的是：

余生平喜画，师子久。每对知者论：子久画，画中之右军也，圣矣！至若《富春山图》，笔端变化鼓舞，又右军之《兰亭》也，圣而神矣！海内赏鉴家，愿望一见不可得，余辱问卿知，凡再三见，窃幸之矣。问卿何缘乃与之周旋数十载。置之枕藉，以卧以起；陈之座右，以食以饮。倦为之爽，闷为之欢，醉为之醒。家有云起楼，山有秋水庵，夫以据一邑之胜矣。溪山之外，别具溪山，图画之中，更添图画，且也名花绕屋，名酒盈樽，名书名画，名玉名铜，环而拱一《富春图》，尝闻天上有富贵神仙，岂胜是耶？又闻子久当年元是仙人，故遗此迹与问卿游戏耶？国变时，问卿一无所问，独徒跣而携此卷。嗟乎！此不第情好寄之，直性命徇之矣。彼五岳有《真形图》，而《富春》亦有之，可异也。当年此图，画与僧无用，追随问卿，护持此卷者，亦是一僧，可异也。庚寅画画，题画人来，又适庚寅，可异也。虽然，余欲加一转语焉：绘画小道耳，巧取豪夺，何必蛋记，载之记中也。东坡不云乎："冰上偶然留指爪，鸿飞那复记东西。"问卿目空一世，胸绝纤尘。乃时移事迁，感慨系之，岂爱根犹未割耶！庞居士不云乎："但愿空诸所有，不欲实诸所无。"嗟乎！余言亦太饶舌矣。

野老邹之麟识

邹之麟赞扬子久画是"画中之右军"。右军即是王羲之，意思是黄子久是画圣。而《富春山居图》，则如王右军的《兰亭集序》，"圣而神矣"。

吴问卿得到这幅画后，置于枕畔，坐卧随携。疲倦的时候，看见此卷就精神爽利；烦闷的时候，看见此卷就感到欢快；醉了的时候，看见此卷即刻就能清醒。

此跋里还提到一件事，"庚寅画画，题画人来，又适庚寅，可异也"，这是说画作于庚寅年，题画的时间也是庚寅年，这事可以说是异事一桩。其实题画倒也罢了，主要是烧画是在庚寅年。此画作于庚寅，烧于庚寅，确实比较奇异。

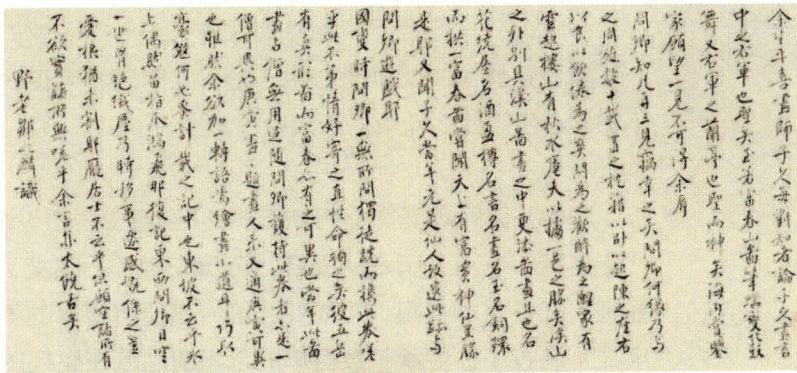

邹之麟跋

事实上，这幅画并没有就此被毁，这还得感谢吴问卿的侄子吴静庵。

话说吴静庵听到他叔父想烧画时，大吃一惊。焚烧《富春山居图》对他来说，几如剜心之痛，但吴问卿是长辈，又是画的持有者，实在不知道该怎么阻止。他为此辗转难眠，茶饭不思。

次日一早，吴静庵正准备到叔父处去侍候汤药，就看见一个小厮跑了过来，气喘吁吁地说道："三老爷叫你快去呢，里间的人说三老爷要亲自烧什么画，让你速去准备。"

听见这话吴静庵的一颗心顿时沉了下去，只好强忍悲痛，硬着头皮赶了过去。

见过叔父之后，静庵奉命去书房取《千字文》，他心中烦愁，也不仔细看路，不想被凳子绊倒，一个趔趄趴在桌子上，身下正压了几幅未开卷的画。这些画原是两个月前问卿嗣子、静庵堂兄吴贞观买来孝敬老人的，但因吴贞观没有书画鉴赏能力，常常叫人诓着买些不入流的东西。吴问卿感念他的孝心，并不责怪，但对他送的书画毫无兴趣，所以这几卷画买来之后一直原封不动地放在桌子上。

看着这些画，吴静庵心生一念，立时愁容半退，却不知他心生了什么计策，且往后看。

房内，吴问卿摸着《千字文》和《富春山居图》说："《富春山居图》留着明天烧，今日先烧《千字文》，静庵去准备香炉供桌。"如此，第一日便将智永的《千字文》烧毁了，传承了数百年的艺术精品就在腐朽的迷信思想下化为灰烬，实在可惜。

第二日清早，还是吴问卿亲自祭酒焚烧。这吴问卿也不过几日的光景了，所以族中子侄尽皆侍奉在侧，昨日烧毁智永法书，大家也都只能眼睁睁看着，即使是不懂书画之人，也知道此物的珍贵，心中无不惋惜，却无人敢言。中国自古极重孝道，尊长是绝不能违拗的。但今日要烧《富春山居图》，众人却再不能像昨天一样闷不作声了，只因宜兴吴家当时便是凭着收藏这幅画而闻名天下的。

吴问卿原已有半月不能下榻，昨天强撑着亲自焚毁了《千字文》，到今日已然只剩半口气了。但正如他所说，不烧了这两样，他是闭不了眼的。

众人搀扶着他祭了酒，又将画投到火盆上……转眼间画卷已经冒出了浓烟，看见画已点燃，吴问卿再也支撑不住，倒地不起，子侄们忙扶着他进了卧房。值此慌乱之际，吴静庵一个箭步冲到火盆边，用藏在身上的其他画卷置换出了《富春山居图》，然后迅速扑灭了画上还在燃烧着的火苗。千幸万幸！这幅画算是躲过了一劫。

原来吴静庵在看到吴贞观买来的画后灵光一闪，想到了偷梁换柱之法。但吴问卿一直将画放在眼皮子底下，他始终找不到时机，若不是刚才的慌乱，这幅画恐怕也救不成了，想到这里吴静庵不禁冒出了一身冷汗，好在终于救了下来。

收藏家吴湖帆后来评价此事："较诸焚琴煮鹤，尤为惨酷。"笔者深以为然。

据清人吴其贞《书画记》载，经过这次火难的《富春山居图》，被烧焦了前段的四尺多。原画有六张纸，纸长约三丈六尺，处理烧痕之后只剩五张纸，长三丈，被烧掉的是起首的《平沙图》。

因为画是卷起来烧的，所以上面出现了很多连珠洞。由于被烧得太严重导致无法还原成最初的样子，只好从中间烧焦处断开，前半截成了《剩山图》，后半截则是《无用师卷》。重新装裱的时候，还把董其昌的跋移到了《无用师卷》的卷首，盖住了烧痕。

乾隆十一年（1746）冬，天津书画鉴藏家安岐去世，安氏一族因后继无人而家道中落，家中所藏因此悉数售出。其中包括黄大痴的《富春山居图·无用师卷》、王羲之的《袁生帖》、苏轼的二赋、韩干的马画、米友仁的《潇湘图》等，可见所藏之丰厚。

安家人率先把预备出售的藏品拿给军机大臣富察傅恒看，傅恒看了之后说："这些东西，饥不可食，寒不可衣，要来何用呢？"安氏后人回道："请大人来此正是为给这些珍品寻个好去处。当年先祖雅好书画，槜李项氏、河南卞氏、真定梁氏所蓄古迹，均倾资收藏。如今家道中落，不能继续保有，但也不愿随意卖给什么人。大人乃御前红人，今上素爱书画，若得大人推荐，能将它们纳入大内，就是它们最好的归宿了。"

傅恒应了安氏所请，没过多久就拿着这些书画作品呈给了乾隆，并将前因后果说了一遍。乾隆听后得意地说："或者是你不能识别，且打开来朕看看。"

剪烛粗看，居然是黄子久的《富春山居图》。图上五篇跋文正与沈德潜记载的相同，分别是：黄公望跋、沈周跋、文彭跋、董其昌跋、邹之麟跋。

乾隆看后吃了一惊，因为他已于去年（1745）冬天得到过一幅黄子久的《富春山居图》。上面只有董其昌的跋文和邹之麟的跋文，其他三人的并没有。他当时还疑惑，是不是《山居图》和《富春图》是两幅画呢？并让沈德潜在安岐处寻找此画，安岐回说安家没有这项收藏，只好作罢。

如今再看此画，其中董跋与去年所得那幅的几乎一致，可知其中一幅应该是赝品。难道这幅才是真迹，之前得到的是赝品？

第二天，乾隆叫了梁诗正、沈德潜等人来辨别真伪。几番比对鉴定后确认：安氏所藏这幅，即后人所称的《无用师卷》是赝品；之前得到的那幅《山居图》，即后人所称的《子明卷》是真迹。

但乾隆还是花了两千金买下了他认为的赝品，因其"古香清韵，实出旧人手笔"，"盖非近日俗工所能为"。

这两幅画的真伪鉴别一直持续到当代，当然，现在已经确认了《无用师卷》才是黄子久的真迹。这幅真迹也该感谢《子明卷》的存在，如果不是乾隆皇帝将它当作赝品，那如今画上堆满题文的就是黄子久的真迹了。相对于被误认为赝品，这更糟糕。

乾隆在认定《无用师卷》为赝品后，命户部尚书梁诗正在卷上题写了他的御识，详述了此事。梁诗正是探花出身，清代文学家、书法家，乾隆重要文稿多出自他手。其文摘录如下：

> 世传《富春山居图》为黄子久画卷之冠。昨年得其所为《山居图》者，有董香光鉴跋。时方谓《富春图》别为一卷，屡题寄意。后于沈德潜文中知其流落人间，庶几一遇为快。丙寅冬，或以书画求售，多名贤真迹，则此卷在焉。上有沈、文、王、邹、

董五跋，德潜所见者是也。因以二卷并观，始悟旧藏即《富春山居》真迹。其题签偶遗"富春"二字，向之疑为两图者，实误甚矣，鉴别之难也！至董跋两卷一字不易，而此卷笔力荼弱，其为赝鼎无疑。惟画格秀润可喜，亦如双钩下真迹一等，不妨并存。因并所售，以二千金留之。俟续入《石渠宝笈》。因为辨说识诸旧卷，而记其颠末于此。俾知予市骏雅怀，不同于侈收藏之富者，适成为叶公之好耳。

乾隆御识

臣梁诗正奉勅敬书

梁诗正题写的御识述说了得两卷《富春山居图》的事，还有分辨两幅画真伪的情形。"昨年得其所为《山居图》者，有董香光鉴跋。时方谓《富春图》别为一卷，屡题寄意"，乾隆在得到《子明卷》之后，认为是真迹，就在画上"屡题寄意"。"丙寅冬，或以书画求售，多名贤真迹，则此卷在焉"。丙寅年是指乾隆十一年，有人出售书画，多是名贤的真迹，而《无用师卷》也在其中。"因以二卷并观，始悟旧藏即《富春山居》真迹"，是说两卷并观，对比后才明白旧藏（《子明卷》）是真迹。而《无用师卷》

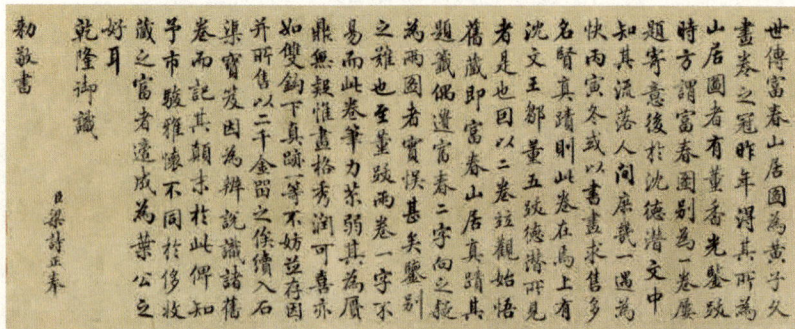

梁诗正所书的乾隆跋

乾隆也"以二千金留之"，并且"续入《石渠宝笈》"。这《石渠宝笈》是清代乾嘉年间的大型著录文献。

在经历了这么多波折后，《富春山居图》以《剩山图》和《无用师卷》的形态在不同的收藏家手中各自流转。最终《剩山图》进了浙江省博物馆，成了镇馆之宝，《无用师卷》进了台北故宫博物院，与《剩山图》隔海相望。

读者们在看了《富春山居图》的成画、流转、劫难等历史之后，对它的珍贵价值想必也心中有数了。《富春山居图》所画的大部分为桐庐境内的富春江景色，还有部分为富阳景色。

2011年，浙江省博物馆与台北故宫博物院联合举办了一场"山水合璧——黄公望与富春山居图"特展，让分开了数百年的《剩山图》和《无用师卷》得以重逢。如果有朝一日，两卷能够永久合璧，才是这幅画的大幸。

参考文献

1.〔元〕黄公望撰，马采标点注译：《写山水诀》，载"中国画论丛书"之《绘宗十二忌·写山水诀》，人民美术出版社，1959年。

2.〔清〕顾嗣立编：《元诗选二集》，中华书局，1987年。

3.《一把火引发的争论：〈富春山居图〉被焚烧过？》，《收藏·拍卖》2015年第5期。

穿越千年觅知音——
"彩凤鸣岐"七弦琴的前世今生

　　唐景龙二年（708）腊月二十二日，峨眉山天凝地闭，雪虐风饕，雷威披着蓑衣，戴着斗笠，独自一人在深山里行走。

　　山顶住着一户人家，屋内烧着火炉，烫着酒，正等着冒雪前来的客人。

　　"这会儿雪下得越发紧了。"雷威站在门口边拍打着身上的积雪，边说道，"昨日云黑天低，我就想着今天雪应该还不能停，正好到山中来寻木材，不承想竟然能下这么大。"

　　"快去炉边烤烤火去去寒。"白发苍苍的屋主人替雷威解下蓑衣，关切地说道，"你也太客气了，还专门差人拿了酒来，老汉还能没酒款待郎君不成？我估摸着这个点你也该上来了，就放炉子上煨着，你看看，怕是已经好了。"

　　雷威笑着说道："原是体谅你大雪天不好下山采买，才叫人送了来，你这老汉还埋怨上我了。"

"我如何不知，只是叫你放心，我这屋舍虽不大，酒却是从来不缺的，你只管来就是了。"老汉说着把地桌搬到炉边，摆好酒器，又拿出了些生肉，说道："大雪天须得烤獐肉吃才应景，二郎前几天打了一只獐子、几只野鸡，专门给咱们下酒的。"

"哈哈，如此甚妙！"雷威听了越发高兴。

"若不是你看在老汉面上，他们长官如何能得到一张雷氏琴。所以这小子才打了这些野物来答谢郎君，今日务必得吃尽兴！"老汉得意洋洋地笑道，"要说郎君家的琴，在咱大唐那是大名鼎鼎了，莫说寻常武官，就是权贵要得一把也不容易，他如何不该尽点孝心？"

"那我先烤几块来尝尝。"雷威说着便动手片起肉来。

"这风狂雪大的，郎君在山里可得多加小心。都说郎君选材有讲究，这里到底是个什么说道？"

"这要是细说起来也复杂，制琴须讲究四善九德：四善即是苍、松、脆、滑，九德乃是奇、古、透、润、静、圆、匀、清、芳。若要达到这些要求，须得选材优良、用意精巧，如此制出来的琴方能五百年有正音，而听音辨材，最是选材的关键。"老汉听得云里雾里，瞠目不言，雷威便知他听不懂，也就不再说了。老汉自也不问了，二人只管烤肉喝酒，闲话风雪。喝到酒酣时，见风雪略小些了，雷威乘着酒兴，穿戴起了他的蓑笠，径入深山寻木觅材去了。

山里雪意泞泞，杳无人迹。雷威站在林间，屏神静听着风雪中树木的狂舞，好似天地间正进行着一场酣畅淋漓的演奏。他酒后神通气舒，仿佛能听见每一棵树的吟唱，或狂野雄厚，或轻灵透亮……而他只取其中连绵悠扬者。

古人斫琴一般取桐木，雷威师古而不泥古，除了用桐木，还会用松木和杉木，但制出的琴丝毫不亚于桐木琴。说起蜀中雷家，在斫琴领域里堪称圣手，有诗曰："唐琴第一推雷公，蜀中九雷独称雄。"蜀中九雷即指雷氏三代九位斫琴大家，包括雷威、雷震、雷霄等，其中以雷威为首。

苏轼曾为了弄清雷公琴发声好的原因，剖开家藏的一张开元十年（722）所造的雷公琴，研究后得出如下结论：其岳不容指，而弦不㪇，其声出于两池间，其背微隆，若薤叶然。声欲出而隘，徘徊不去，乃有余韵，此最不传之妙。

景龙年间距今业已一千三百多年，雷氏所造之琴多数都淹没在时间的洪流中，只有少数幸存至今，由这些遗存下来的珍品可知历史上对雷公琴的评价实至名归。今天便让我们通过浙江省博物馆珍藏的"彩凤鸣岐"七弦琴来感受一番千年传承的艰难和魅力。

东汉音乐家蔡邕在他的琴学专著《琴操》中这样写道："昔伏羲氏作琴，所以御邪僻，防心淫，以修身理性，反其天真也。……上圆下方，法天地也。"由此可知中国古琴的历史之悠久。

古琴初为五弦，到周武王时才加至七弦，七弦琴除了用于祭祀、朝会、典礼之外，也兴盛于民间。古琴发展数千年，斫琴大家也不过几十人，四川九雷便在其中，而"彩凤鸣岐"正是出自九雷之一的雷威之手。

此处对"彩凤鸣岐"做个简单介绍。此琴为落霞式，通长 124.8 厘米，有效弦长 116.3 厘米，额宽 16.3 厘米，肩宽 18.8 厘米，尾宽 12.5 厘米，两肩之间最厚处厚度为 5.4 厘米，岳山高 1.3 厘米，厚 0.9 厘米，承露 1.5 厘米，三四徽间为琴面最宽处。琴体浑厚，背面微凸。琴背有冰裂断兼小流水断，琴面断纹隐约可见；在三、四、五徽部位，隐见类似梅花断的小圆圈断纹。

再续前言。景龙二年那个风雪夜，雷威所选之材正是用来造了这张琴，完成时是开元二年（714），雷威便在龙池腹腔内刻了"开元二年雷威制"几个正楷字。

这张琴完成后一直收藏于宫廷，并未在民间留下足迹，所以不见于文人记载。龙池上方原刻的"彩凤鸣岐"四字，是它曾经作为大婚嫁妆颁赏给勋贵的佐证，也正是因为这几个字让它再度进入文人琴客的视野，而其有迹可循的流转则是在百年前的清晚期。

清光绪二十六年（1900），庚子年，八国联军侵华，八月十四日攻陷北京。慈禧太后和光绪皇帝于次日清晨仓皇出逃，京中贵族富户多数都跟随他们前往西安避难。

此时，位于缸瓦市的定亲王府内一片慌乱……

"父亲，太后和皇上今早已经离开京城了，咱们也得马上启程，洋人进城后到处作恶，专门抢劫深宅大院，再不走就来不及了。"时封三等镇国将军的爱新觉罗·毓朗刚从宫里出来，进府后直奔父亲定郡王溥煦卧养的正内室，焦急地对父亲说道。

"已经走了吗？"溥煦一把扯掉头上搭着的湿毛巾，惊坐了起来。

自从前一日洋人攻陷了北京，老郡王就头疼得不能下炕。他已年过七旬，自从咸丰四年（1854）过继给定敏亲王为嗣后，做了一辈子富贵闲人，实在不想这把年纪再受亡国之辱和颠沛流离之苦。

乍听得国主已逃的消息，他竟大哭了起来。毓朗一看着了慌，扑通一声跪下道："父亲不要太过伤心，此刻离京要紧，还请父亲尽速安排！"

"罢罢罢，你做主就是了。"定郡王揩着老泪说道。

毓朗是定郡王次子，母亲是侧福晋，所以非嫡非长。但因其精明强干、博学多识又广交贤良，所以在朝廷和王府里的地位都高过嫡长子毓长，且在老郡王薨后承袭了爵位，人称"朗贝勒"。

毓朗得了老郡王的令，便马上起身去安排出逃事宜。

"快去找二奶奶，那边已经安排过了，你叫她马上打点内眷启程就是。"毓朗一边往书房走，一边对管家庆福说道，"还有，把老王爷和福晋先安顿到车上，让大爷带了人先护送他们出城，这事我早前跟大爷商定了的，他知道，再叫你家明吉、明祥带着家丁把各房贵重行李搬上车，随着二奶奶第二批出城。"

"小人知道了。二爷，行有恒堂还有好些书画古玩，一并带走吗？只是里头光古琴就有百余张，怕是不好带。"庆福问道。

毓朗听了，停下脚步沉思，半晌方说道："书画能带的都带走，古琴……府中可有放置旧桌椅的库房？"

"有，后廊上角门那有几间放置旧物的，只是时常无人看管打扫。"

"就要这样才好，古琴并其他带不走的器物都搬到那里，往深了放，要用旧物遮起来。那些洋人不了解宅子，应该不会抢到那里，务必叫他们安置妥当。"

如此这般，毓朗举家逃往了西安。

正如毓朗所料，洋人并没有找到那间角房去。但定亲王府所藏的百余张琴还是被洗劫一空，当时发生了什么事呢？

先说王府中为什么会有这么多古琴，甚至包括"彩凤鸣岐"这样贵重的雷公琴。这就不得不提行有恒堂主人定敏亲王载铨了，府中藏品多数都是他搜罗置办来的。他是道光、咸丰时期的宠臣，雅好珍器古玩，其行有恒堂所藏相当丰富，且种类繁多、格调高雅，"彩凤鸣岐"便是他纳入王府的，载铨离世后，其嗣子、现任郡王溥煦继承了全部收藏。

而在庚子国难中，到底是谁盗走了行有恒堂那么多珍宝？盗走后又流向了何处呢？

话说当日毓朗带着阖府人逃往西安后只留了十来个看宅子的家丁，其中有一个叫来胜的，原是住在缸瓦市街口的贫户，往日常与街头混混到处坑蒙拐骗，后来托了亲戚才在王府谋了个搬搬扛扛的差事。来胜正好是那天帮着搬运古玩器物的家丁之一，在洋人抢掠之后，他丝毫不念主家恩义，带着一帮狐朋狗党潜入角房，将房内所藏尽数掳走，"彩凤鸣岐"正在其中。

来胜盗宝后立即售出，将"彩凤鸣岐"卖给了月斋琴行的老板张月斋，之后趁乱逃之夭夭了。

国逢大难，谁也说不准什么时候就遭了殃。张月斋在洋人入城的时候没有逃走，依旧经营着自己的琴行，他想着权臣勋贵逃走时总不能带走所有古玩珍器，若他坚守在此，必能低价收进一些奇珍异宝，如此后半生便不用发愁了。遗憾的是他最终没能躲过这场浩劫，在庚子年十月的时候被惨无人道的日本兵杀害了。呜呼哀哉！真是国破家何在啊！

原本张月斋是打算把"彩凤鸣岐"留给幼女当嫁妆的，意在借这四个字给女儿祝福。

"彩凤鸣岐"指彩色的凤凰在岐山鸣叫，是大吉之兆。后来这张琴确实给张月斋的女儿英子带去了好运，他若是知道，也可宽慰了。

公元 1914 年，定居北京已有十三年的杨宗稷和往常一样，在古琴市场转悠，搜寻一些古琴古谱。说起此人，也是大有来头。

杨宗稷，字时百，自号九嶷山人，中国重要古琴门派"九嶷派"的创始人。他是清末民初古琴领域的翘楚，师从金陵琴派著名琴师黄勉之，同门及学生多是当时名流。所著《琴学丛书》，是此类著作中的集大成者，历时二十年完成。作为著名琴学大家，杨宗稷一生最珍爱的古琴便是雷威所制的"彩凤鸣岐"七弦琴。

杨时百在庚子国难过后带着妻小迁居北京，在宣化门外购置了一所房产，之后一心研习古琴。他时常行走于北京各市肆的琴行，搜集了不少古谱、琴书和古琴，并将居室命名为"半百琴斋"，因其收集了名琴53张。

在北京的这十多年时间，能找到的好琴几乎都被他收藏了去，如今想要再找名琴实在是很难，不想这日竟然遇到了他的生平挚爱——彩凤鸣岐。

到底是杨时百选择了"彩凤鸣岐"，还是"彩凤鸣岐"选择了杨时百呢？我想，得遇杨时百是"彩凤鸣岐"在这漫长的千年岁月里经历的最幸运的事了。

"杨先生要是出得起价格，我倒是知道一张好琴。"古琴行赵老板说。他与杨时百是老相识，有不少好琴都卖给了杨时百。

"当真？只要琴好，我一定能收，不知是谁的琴？"

"说起来，这还是庚子年时候的事儿了，月斋琴行的张老板收了一张唐琴，后来他被日本兵杀害，这张琴就留给了他的女儿英子。昨儿个听说英子婆家做生意失败，她老公公急得吐了血，这才打听着要卖这张琴，好应应急。若说这琴，先生听了可别吓着，正是一张雷公琴！背面刻着'彩凤鸣岐'四个字。早年我也抚过此琴，声音绝佳，绝非普通古琴能比拟的。如果不是家中遭了难，他们也是舍不得出手的。"

杨时百听了高兴得不知如何是好，只拉着赵老板的手不放："赵兄务必要帮我买到这张琴！可千万叫他们给我留着，我这就回去准备定钱。"

在赵老板的引荐下，杨时百花重金买下了"彩凤鸣岐"，英子也因筹得资金扭转了家中败局，在婆家地位骤升，此后生活过得颇为安乐。

"彩凤鸣岐"到了杨时百的手里，才是好马配好鞍，好琴入好手，两下里相得。

杨时百得到琴后，反复抚试，爱不释手，还在琴背的龙池两侧书长歌称赞。歌曰：

唐琴第一推雷公，蜀中九雷独称雄。
戊日设弦已施漆，信有鬼斧兼神工。
选材酣饮冒风雪，峨嵋松迈峄阳桐。
吴越百衲云和样，春雷犹见宣和宫。
灵开村中八日合，杂花亭畔余仙踪。
秋堂忘味成雅器，雾中山远闻霜镛。
徽弦一泛山水深，率更妙墨留池中。
伏羲样剪孙枝秀，徐浩题字石经同。
嗟予嗜琴已成癖，京华十稔搜罗穷。
良材入手惊奇绝，物萃所好神亦通。
开元二年题名在，千二百载刹那空。
落霞仿古神女制，如敲清磬撞洪钟。
成连子期不可作，曲终目送冥冥鸿。
会当嵌金字刘累，常恐风雨随飞龙。

落款：

开元后廿甲寅荷花生日，九嶷山人杨宗稷自题。

六年后的春天，杨时百带着"彩凤鸣岐"去岳云别业祭奠张文达公，遇到了琴的旧主人毓朗。这事还要从张文达说起。

张文达便是清末著名教育家张百熙，文达是他的谥号。文达薨后，各学堂办事员、教习、学生及文达故旧、亲戚、僚友等募集资金为其铸造铜像。奈何耗时数年还是没有完成，于是众人商议着先购买了城南的一块地，简略修筑一座园亭，取名"岳云别业"。每逢文达祭日，众人就在此间设公祭，凡与文达有旧交的，都会前往祭拜，十余年如一日。

张文达曾奉命以吏部尚书之职主管京师大学堂事务，兼管宗室觉罗八旗中学堂，于是他奏派镇国将军毓朗为八旗学堂总教习。杨时百当时也奉奏派为大学堂支应襄办，所以他和毓朗既为同僚又有宴游往来之雅。

这年的清明节早上下了雨，到了中午却喜晴了，天气格外清爽舒适，不像往年那般狂风似虎，吹得通衢街巷都是尘土。毓朗便喊了家童整驾出城，去了南郭的文达园林，一为祭拜先贤，二来借机一会京中故友。

毓朗到了岳云别业，一下马车，就有不少故友出门相迎，都是相交二十余年的老友，乍见自是欢喜异常。他和朋友们相谈着正向里间走去，忽然听见有人在弹琴，琴声精妙有余哀，细看抚琴者竟是四海知名的杨时百，二人已有好些年不曾谋面了。待他走近，却发现这张琴很是眼熟，于是坐在一旁细细观看。

杨时百演奏结束后，毓朗上前问候。

"许久不见先生了，近来可好？"

"承蒙贝勒挂怀，时百一切如旧，平日不过理谱校琴而已。"

"说起琴来，我有一事请教。先生这张琴看着不像是寻常物件，不知有什么来头没有？"杨时百一听，兴致大涨，笑着说道："要说这张琴，那可当真是宝贝！这琴是开元二年，蜀中雷威所制，龙池中刻了正楷铭文的。"

朗贝勒听了心中五味杂陈，言道："听先生如此说，那想必就是了，这琴应是王府庚子年失落的'彩凤鸣岐'。"

杨时百惊讶地说道："正是'彩凤鸣岐'，原来是王府旧藏！"

"不错，先祖的行有恒堂原收藏有百余张琴，庚子年出逃时全数散落了，这张'彩凤鸣岐'为百琴中第一。"

杨时百点头道："我是六年前在京城从一女子手中购得，当时问了她来处，她却也不知道，只道是父亲遗物，不想竟是王府旧宝。"

"这事距今也有二十年了，不想今日还能见到它。如今琴在先生手上，也算是物得其所。"

"既如此，我有一事想劳烦贝勒爷。"杨时百说着拱手作揖。

"先生有事请讲，不必客气。"

"此琴龙池内铭文'开元二年雷威制'，以琴质音色来判断，当属雷公琴无疑，只是终究没有其他证据。我想或许贵府昔年收藏此琴时附带有其他什么佐证之物，想请贝勒爷帮着找找。"

"先生说得也有道理，待我回府一定为先生仔细查找。"

"今日听了贝勒爷讲起这段前事，叫老朽心中感慨不已，不如贝勒就此事作一长歌记之，我铭于琴背，好让后人得知。"

"深谢先生这番盛情，若能如此，我也算对得起先祖之灵了。"

后来，毓朗果然作了一首七古记述上面的事：

年年清明风似虎，通衢僻巷皆尘土。
今年有雨湿京尘，且喜新晴日卓午。
呼童整驾出南郭，文达园林寻夙约。
下车一拜旧知音，廿载交情浑如昨。
相公门下多正人，不以存亡失其真。
闻道年年逢此日，双鸡斗酒来重陈。
座中忽有弹琴客，四海知名杨时百。
援琴三鼓有余哀，别有伤心托弦索。
先生弹罢询邦族，故园劫后余松竹。
当年有琴名雷威，庚子兵荒失不复。
先生大笑出一囊，朱漆赫然四尺长。
背记雷威唐时制，鸣岐彩凤声悠扬。
我持此琴三叹息，人失依旧为人得。
曾存定府先人言，始信成亏两无惑。
临分珍重不忍遽，敢以一言相委付。
天下纷纷多伟人，莫教大力负之去。

杨时百根据此诗，在龙池下方刻铭文简述：

庚申二月，与朗贝勒公祭长沙张文达公于岳云别业。贝勒见此云：定慎郡王旧藏百余琴，庚子散失，此为第一。因赠长歌，有"曾存定府先人言""我持此琴三叹息"之句。定府琴有名于时，识之以告来者。宗稷再题。

这篇铭文的内容前文也都讲过了，此处不再翻译，请读者自行品读。

杨时百又于次年在铭文后刻七言绝句一首：

禅寮花落画惜惜，猿啸龙吟万籁沉。
定府旧藏真第一，曲终人远晚烟青。

落款为：辛酉上巳为时百先生题，杨懿年时同居法源寺。

上面摘录的铭文都在"彩凤鸣岐"的背面，读者若是有幸见到此琴，可勘对品读。

关于朗贝勒寻证之事，他后来专门复了一函，托西园主人溥侗转交给了杨宗稷，为他没有找到证据表示歉意，其函如下：

自清明岳云别业一听颖师琴，忽忽四月矣。胸次芜杂，迄未为雷威一证所由来，有负尊嘱。昨偶成七古一章，适后斋上公云日与先生挥麈清谈，已烦其转呈有道矣。日内后斋代呈时，望指其纰累而教之也。

函文意思如下：自从清明节在岳云别业听了先生弹琴，到今天已经四个月了。心中诸事繁多，仍然没有为雷威琴一证其由来，有负尊驾嘱托。昨日我偶成了七古一首，正好后斋要与先生挥麈清谈，我已经烦请后斋转呈先生。近日后斋代呈时，还望先生多多指教。

后斋便是溥侗，清朝贵族，民国四公子之一。

　　杨时百去世后，"彩凤鸣岐"经他的学生著名化学家虞和钦牵线，卖给了徐桴。徐桴收藏有杨宗稷的 21 张古琴。

　　徐桴，字圣禅，浙江镇海人，1905 年加入中国同盟会，1949 年去了台湾，收藏的琴由他的后人捐献给了镇海文化馆。1953 年，镇海文化馆又将包括"彩凤鸣岐"在内的 14 张原杨宗稷藏琴移交给浙江省博物馆收藏，"彩凤鸣岐"自此成为浙江省博物馆的镇馆之宝。

　　杨宗稷在《琴学丛书》里说："唐雷琴不易得，唐雷威琴尤不易得。""彩凤鸣岐"七弦琴曾是定亲王府"行有恒堂"第一琴，又是九嶷山人杨宗稷"半百琴斋"第一琴，是流传下来的古琴中的极品，堪称国宝中的国宝。

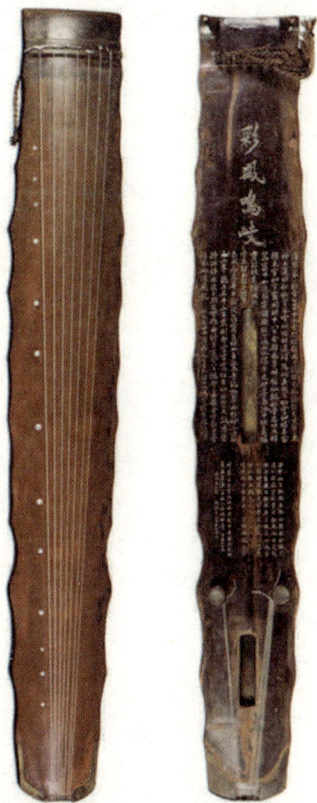

"彩凤鸣岐"七弦琴

1. 石超：《浙江省博物馆藏唐"彩凤鸣岐"琴（上）》，《乐器》2010 年第 5 期。
2. 石超：《浙江省博物馆藏唐"彩凤鸣岐"琴（下）》，《乐器》2010 年第 6 期。
3. 林赶秋：《蜀琴：唐琴第一推雷公（上）》，《成都晚报》2018 年 8 月 14 日。
4. 林赶秋：《蜀琴：唐琴第一推雷公（下）》，《成都晚报》2018 年 8 月 15 日。

白石翁祝寿白头翁
——沈周为祝淇作山水轴

明正德元年（1506）冬月，海宁祝府忙忙碌碌的，在准备老太爷的九十大寿。老爷祝萃也刚好在家，便和太太商议起了寿礼之事。

"我这有个掐丝珐琅吉祥纹熏炉，是舅老太爷留给我的，老太爷九十是大寿又是整寿，我想着把这东西拿出来给老太爷作贺礼。老爷觉得怎么样？"太太问道。

"这些物件再珍贵也是有限的，依我说不如给老太爷专门作一幅祝寿图，一来独特，二来若是能流传下去，也好叫老太爷于后世留名，想来他老人家也会高兴的。"祝萃说道。

太太听了点了点头："只是找谁画呢？寻常人的，恐怕也入不了老太爷的眼。"

"长洲沈石田先生与老太爷有旧，我亲自去请他作画，应该能答允。"

"听说他母亲今年仙逝了，他也是八十高龄了，不知还作不作画？"

"是了，我先去拜访他，若是能作最好不过，若是不能，我们再想别的办法。"

几天后，祝萃便出门去了长洲拜望沈周。

祝萃到达沈府时，已是腊月，府中尽是年节下的热闹气象。门上换了门神、对联，阶下一色朱红大高烛，堂屋里更是锦幔高挂、彩屏张护、香烛辉煌。

"祝大人，请先用茶，家父正在书房会客，前边有位客人已经等了好一会儿了，不知道大人要来，他一得空便过去了，还望大人勿怪。我已叮嘱了下人，待客人走了咱们就过去。"沈周在会客，他的儿子负责接待祝萃。

"无妨无妨，不知是何人来拜会老先生？"

"我只知道是一位姓柳的相公，其他的却不知了。"

柳伯达在书房中不安地坐着。他知道今天来得冒失，却也是没有办法中的办法，不得不来。但一会儿该怎么说呢？实在叫人为难。

"老朽来迟，怠慢贵客了。"

柳伯达想得出神，竟没发现主人家已经来了。

"学生贸然来访，打扰老先生了。"柳伯达忙起身，作揖致歉。

沈周爽朗一笑："无妨，柳相公不必拘束。现在正是节下，家家户户都在忙着准备过年，相公此来定是有要事了。"

"是。这，这……"柳伯达扭扭捏捏说不出口。

看他的样子，沈周已猜到了几分："柳相公莫非也雅好书画？"

沈周其人我们在《富春山居图》一节已有详细介绍，此不赘述。

只说沈周为人豁达大度，不拘小节，上至公卿大夫，下至贩夫走卒，皆能与之为善，索求书画者常常"屡满户外"，即便躲到寺庙里，也有人寻迹找来。朋友刘邦彦还写了一首诗笑话他："走纸敲门索画频，僧楼无处避红尘。东归要了南游债，须化金仙百亿身。"说他纵然仙逝，也得化作金仙，持百亿之身，才能了了索画之债。可见他对求画的人是来者不拒，不然怎么能有那么多债。虽是玩笑，但也把他良善风趣的样子呈现在了读者眼前。

"学生曾随先父学画数年，只是技艺不精，难成气候。今天……今天拿了一幅拙作，想……想请先生指教。"柳伯达说着，脸唰地一下红了。

沈周不明就里，只好接过他手里的画打开看看。

"这是临的我的画？"沈周颇感诧异，"用笔确实有些需要改进的地方。"

"是，是。但……但学生是想请老先生为学生题字。"

这下真是惊呆了沈周。题了字，不就是要以假乱真了吗？！

见沈周惊愕不语，柳伯达马上解释道："学生知道这样做实在无礼，但学生也是无计可施了。家中老母在堂，年老多病，学生又屡试不第，无有营生。眼看着要过年了，却实在拿不出钱来，只好出此下策。若能得先生亲笔题字，这幅画就能卖个好价钱，才好奉养老母。万望先生垂怜！"说着，扑通一声跪了下来。

沈周连忙拉起了他："快快起来，相公有这样的孝心，正是大善。我一定为你题写，但请放心。"

沈周是个至孝之人，为了侍奉老母，一生未曾远游。也正是这一年，他母亲病故。所以看见这书生为奉养尊长这般尽心，真是又感怀又感动，当即答允为他题字。

沈周打开画卷准备题写时，发现这柳相公临得实在有些欠火候，索性一并帮他修改润色了。

柳书生走后，沈周没有急着回内室，而是唤家童准备笔墨，继续作画。

刚一提起画笔，就见儿子带着祝萃走了进来。

"晚生祝萃见过沈老。"祝萃说着拱手行礼。

沈周眯起眼看了看，说道："这是……海宁祝大人吗？许久不见，老朽失迎了。"

"近日府衙得闲，晚生便来拜望先生，看见老先生康健，晚生也就安心了。"

"老朽残躯，倒是劳祝大人记挂了。令尊近来身体可好？"

"家父一切都好，每日还爱吃两块东坡茄子呢。"

沈周点头道："这就好，我记得他是元宵的寿辰，长我近十岁，那来年是大寿了，府上正在预备做寿吧。"

"看老先生如此繁忙，晚生本不敢说，但先生既然提起了，晚生就大胆请求了。"

祝萃正了正身，拱手说道："晚生想请老先生为家父作幅祝寿图。常言道'人生七十古来稀'，老父年已九十，实乃我们阖家之福。寻常寿礼终究难表我们后人的心意，思来想去，只有为他特作一幅祝寿图才最稳妥。当今之世，画坛当以先生为尊，晚生只好厚着脸来求先生的墨宝了。"

"祝大人客气了。祝大人和徐侍郎在三吴治水，使百万百姓免遭水患，实是有大功于吴中，区区一幅画算什么呢。何况令尊寿诞，我本就该聊表心意。既然祝大人提起，那我就为令尊作幅祝寿图，权当我遥祝令尊寿诞之喜。"

祝萃听了，喜不自胜。

正如祝萃所料，沈周为祝淇作的这幅祝寿图确实流传了下来，也确实让祝淇在诗名之外留名于后世。我们且看祝淇是何许人也。

祝淇，字汝渊，号梦窗，海宁人，以儿子祝萃封刑部主事而显贵，著有《履坦幽怀集》二卷。

沈周在过年之前完成了这幅画作，画中祝淇身穿笼袖红袍，盘膝坐在苍劲的高松之下，面前有一只鹤，衔着灵芝向祝淇走来，为其贺寿。画的上方题有祝寿跋文：

九十封君天下稀，耳聪目暸步如飞。
间生邦国称人瑞，高隐山林与世违。
灯火元宵开寿域，梅花初月照重闱。
青云令子荣归早，甘旨登堂玉鲙肥。

落款为：长洲沈周为梦窗祝先生寿并图。加盖朱文方印"启南"、白文方印"白石翁"。

至年下二十九，祝萃亲自上门来取画，特带了黄庭坚的《松风阁诗帖》作为谢礼。沈周书法师黄庭坚，此帖为贾似道收藏，后佚失民间，不知所踪，今天见了当真觉得是有生之年一大幸事，急忙唤家童去找了他的学生文徵明来同赏。

文徵明，原名壁，字徵明，后以字行，号衡山居士，世称"文衡山"，长洲人。他是"明四家"之一，吴中著名才子，其诗、书、画、文无一不精，人称"四绝"。他随沈周学画，并与老师共同创立了"吴门画派"。

文徵明听得老师让他去同赏黄庭坚的《松风阁诗帖》，撇下手中的《姑苏志》，急急忙忙到了沈府，不想竟在厅里见到了祝萃。

"久闻祝大人大名，今日终于有缘得见了。"

"文先生谬赞，听闻文先生随王尚书修《姑苏志》，可见学识之渊博，非同等闲。"

"不是老朽夸自己学生，徵明算得是后起之秀中的翘楚，他文学于吴匏庵，书法师承李范庵，颇负天资，他日想来也能有所成。"沈周见祝萃不太了解文徵明，就顺势夸赞起了自己的门生。

"能得沈老如此赞誉，文先生前途不可限量啊！今日我原是来取沈老为老父所作祝寿图的，既然文先生也在，能否请文先生为此图题一跋文，再添光泽。"

为老师的画题字，文徵明自是无有不允，思索片刻，便提笔题词一首，词曰：

鬓雪髯霜，碧瞳丹脸，刚道启期年及。经书口自授诸孙，不愧济南人物。　德庆无涯，寿星方照，只假十年成百。地行若是此神仙，更有儿孙绕膝。

落款：

右调《鹊桥仙》，寄祝梦窗封君老先生，长洲文壁顿之。

最后，还钤上了"徵明""衡山""停云"三方朱文方印。

祝萃看了，十分高兴，随后与他们共同赏析了黄庭坚的字帖，至晚方归。

这幅画如今收藏于浙江省博物馆，名《为祝淇作山水轴》，又名《写寿图轴》，为设色绢本，纵 103.6 厘米，横 49.6 厘米，是浙江省博物馆藏的唯一一幅沈周应酬之作，为研究其生平和交友往来提供了难得的实物资料。

参考文献

1.〔明〕田汝成:《西湖游览志余》,文渊阁《四库全书》本。

2.〔清〕嵇璜:《钦定续文献通考》,文渊阁《四库全书》本。

3.田洪、田琳编著:《沈周绘画作品编年图录(下)》,天津人民美术出版社,2012年。

第三章

陵与墓：埋骨杭州的英雄美人

有道是：有生必有死，早终非命促。死去何所道，托体同山阿。或许是见青山常在、绿水长流，人们总想在死后能青山埋骨、绿水吊魂，故多将自己的墓穴选在面水背山之处，正所谓"前有照，后有靠"，以期能与山水一起永垂不朽、福荫子孙。而处于长江三角洲中心地带的杭州，全境山环水绕、聚气生财，自古以来便是最佳的归葬地之一。

建德人，良渚人，在杭州大地上开创了美好的生活与辉煌的文明；吴越国民，南宋子民，凭借勤劳和智慧又将杭城推向了"东南形胜，三吴都会"的巅峰。生于斯，长于斯，歌于斯，哭于斯，奋斗于斯，充盈于斯，最终自然也要死于斯，葬于斯。诚如一代佳丽苏小小的遗言所示："生于西泠，死于西泠，埋骨于西泠，庶不负我苏小小山水之癖。"百年终老之后，建德人、良渚人、吴越国民、南宋子民的儿孙本着"敬其所尊，爱其所亲，事死如事生，事亡如事存"的孝道，将他们冰冷的身体和平生所爱之物，甚至把他们生前的居所（当然是以仿品的形式——墓室来呈现），都毫无保留地、庄重肃穆地交托给曾经养育过他们的黄土，如反哺一般。人无再少之颜，墓有重开之日。于是，若干个春秋之后，就有了"建德人牙洞""反山王陵""吴越国王陵"等的被确定与被发现。

反山王陵是迄今为止已发现的、等级最高的良渚文化墓葬。聪明的良渚先民首先在地下铺上 1.5 米高的草裹泥层，草裹泥是用芦笛梗、茅草包裹的淤泥块，能有效防止地下水的渗透。再在草裹泥上覆盖一层薄薄的沙层，最后在沙层上堆筑 3 米厚的黄土，形成一片东西长 120 米、南北宽 40 米、高约 6 米的高台墓地。1986 年，考古工作者截取上层堆土，发现了 9 座保存完好的良渚早期墓葬，均为竖穴土坑墓，墓内均有葬具和大量的随葬品。这些长眠黄泉数千年的冥器之中，又以玉器居多，其种类之丰富，制作之精良，都反映出墓主人身份的显赫非凡。在南排中央的 12 号墓内，出土了目前已知体量最大的玉琮和唯一一件刻有神徽图案的玉钺，墓主人无疑是一位集神权、王权、军权于一身的良渚国王。

当然，作为风水宝地的杭州不仅埋国王，埋英雄，也埋美人，埋隐士。至于说杭州乃至中国最知名的隐士，则非林和靖莫属。想当年，他蛰居西湖之湄、孤山之麓，妻梅而子鹤，宋真宗请他出仕，他却不干，最后只得赐了一个"和靖先生"的谥号。弥留之际，他吟了一首绝句以言志："湖上青山对结庐，坟前修竹亦萧疏。茂陵他日求遗稿，犹喜曾无《封禅书》。"辞赋大家司马相如曾写《封禅书》歌德颂圣，林氏自问无同类作品，可保一生清白。后来，有"掘坟贼"之称的杨琏真加挖开了林和靖的坟，不料里面只陪葬了一台端砚、一支玉簪，别无长物，真的是："疏影横斜水清浅，暗香浮动月黄昏。"

此外，岳飞墓、于谦墓、张煌言墓、武松墓、陈文龙墓、沈括墓、胡则墓等都在杭州。岳飞墓和于谦墓本书会详细介绍。明末英雄、著名将领张煌言的墓则在西湖区南山路。张煌言是明将，清军入关后，他与郑成功等爱国将领配合，坚持守护江山近二十年，后来在杭州遇害，葬了了西湖，谥号忠烈。张煌言号苍水，所以他的墓碑是"皇清赐谥忠烈明兵部尚书苍水张公之墓"。

西湖有忠烈之墓，也有义士之坟，如众所周知的武松也葬在杭州。武松的故事在名著《水浒传》中有绝妙演绎，这也是他名扬后世的原因。但小说的创作不同于史实，武松真实的事迹与小说是不一样的。虽然事迹有误，但其义烈的本质是一样的。

还有胡公大帝胡则，其墓位于龙井村胡公庙后。这些名人古墓不止增加了杭州的文化底蕴，更让杭州成为一座忠义兼具、恩情并有的血肉之城。

杭州自古便是中国文人的心之所向，又是江南最富庶的区域，由是吸引了无数名士豪杰前来游历、居住。南宋时期，杭州成为国都，帝王将相便都生活在这里。这些是杭州名人古墓众多的主要原因。

本章选择了对杭州意义非凡的几座陵和墓进行介绍，以管窥豹，只可见一斑，但也可由此略知杭州的魅力。

临安之子封钱王
泽被中华远流长

　　杭州诸多名贤中，吴越王钱镠格外特别，因为他不止自身对吴越国贡献极大，他的后裔也为中国做出了伟大的贡献，尤其是科学领域。科技领域，有"两弹一星"元勋钱学森和钱三强，著名科学家钱伟长。学术领域，则有著名学者钱穆和钱锺书、乾嘉学派的代表人物钱大昕。此外还有钱复、钱其琛、钱正英等杰出的政坛代表。

　　钱氏一族的兴旺和钱镠本人不无关系。钱镠起于微末，奋斗一生，得封王侯，实是人中龙凤。关于他的出生，正史、野史中都有记载，情形也都比较传奇，不尽可信，却也有趣。

　　唐大中六年（852）二月二十六日，钱镠生于临安衣锦乡勋贵里的一户普通人家。关于这个地名，我们采用了史书上的说法，而不是钱镠时代的叫法，临安是南宋对杭州的称呼，衣锦乡勋贵里也是因为出了钱镠这样的贵子而得的新地名。

　　钱镠出生的时候，据说家有异象，钱镠的父亲异常惊讶，认为这不是吉兆，甚至想将刚出生的婴儿处理了。当时是何情形呢？

话说钱镠出生后，屋内突然现出红光，大家起初以为是夕阳的光彩，不想片刻间即充盈满室，且绯红异常。钱镠的父亲钱宽、母亲水丘氏、祖母钱婆等人看着这满室红光，都惊异得不知所措。尤其钱宽这一惊，非同小可，他突然想起邻居之前说听见自家后院有甲兵之声，瞬时一颗心沉了下去。

"这……这满屋红光怕不是吉兆！"钱宽颤着声说道，脸色也变得铁青。

"胡说！这分明是预示这孩儿非寻常人，怎么就不是吉兆？"钱婆呵斥道。

话音未落，钱宽已抱起孩子往后院奔去。水丘氏一看情形不对，哭喊着爬下床想拉住他，但刚生产完的妇人，身体极度虚弱，如何拉得住，钱宽转眼就奔到了后院的水井旁边。

若非一丝父子之情的牵扯，孩子恐怕已经被投入井中了。正在钱宽迟疑时，钱婆一把抢过襁褓中的孩子。

"你这逆子！疯了不成？虎毒还不食子，你怎么能下得去手！"钱婆厉声骂道。

钱宽见母亲大怒，跪下痛哭道："不是儿子狠毒，方才赵三郎说经过咱们家后院时听见了甲兵之声，再看刚才的满室红光，这样的怪异景象，能主什么好事呢？儿子只怕这孩子以后为霸一方、祸害百姓啊！"

"哼！你怎么就吃定了是祸事，我看就是好事！我们家是世代良善百姓，要出也是出英雄好汉！你要是再敢伤这孩子分毫，我就没你这个儿子！"钱婆怒气冲冲地把孩子抱回了里屋。

正如钱婆所说，这孩子日后果然成就了大业，创建了吴越国，保得了东南地区数十年的太平盛世。他便是吴越国的第一代国主钱镠。

镠者，留也。钱镠小字婆留，说的就是钱婆留下了他这件事，而那口井后来也被叫作"婆留井"。

钱镠在乱世中靠着自己的智谋和军功节节高升，直至成为一方诸侯，且看他是如何成就功名的……

乾符二年（875）夏四月，钱镠二十四岁，浙西狼山镇遏使王郢作乱，唐僖宗敕令本地道府讨伐之。当时正是董昌戍守石镜镇，得敕令后便在乡里募兵，此次招募中他得了钱镠为副手，钱镠自此开始了他的军中生涯。

钱镠足智多谋，又骁勇绝伦，所以董昌很是器重他。之后数年他一直跟着董昌，屡立战功，数次升职。到景福二年（893）时，钱镠已担任镇海军节度使、浙江西道观察处置使、润州刺史等职。

乾宁二年（895），威胜军节度使董昌称帝，建元顺天，国号罗平。

董昌在称帝后给钱镠写了信想网罗他，这时候钱镠已进封开国公，食邑一千户。看了信后，钱镠召集宾客下属等商议此事。

正月的润州寒风砭骨，钱镠在议事堂烤着火陷入沉思，僚属们静静地等着节度使钱大人的决断。这个决断对所有人来说都是至关重要的，如果大家跟着董昌谋反，后果不堪设想，若钱大人要追随董昌而他们不去，前途也会立时断送，所以众人心中皆是惴惴不安。

"董昌是我同乡，如今又和我比邻封藩，本该互相匡扶。他的丰功茂绩、崇名厚禄，也是靠我辅佐得到的。可是现在他听信奸佞妄言，图谋僭越作乱。我是朝廷封授的，应当兴兵讨伐他才对。"钱镠说着抬眼扫视众人，目光凌厉，座下诸人被他看得头皮发麻。

钱镠接着说道："但他的恶迹也是才露端倪，或许能够及时改变志向，返归正途。我先修书一封，劝他归顺，但愿可以救他免于灭族之祸吧。"众人听了，悬着的心才算放下。

之后，钱镠命宾属沈滂率领百余亲兵去给董昌送信，信中说道："与其闭门做天子，与九族百姓都被涂炭，还不如开门做节度使，可保终身富贵无忧。现在后悔，还来得及……"

董昌既已拥兵自立，当然不会被一封信劝退。但从钱镠这封信中也可以看出他对称帝和封王的态度：与其称帝，不如接受册封，做一方诸侯。他后期确实践行了自己的理念，在朱温篡唐称帝后，他依旧认中原为正统，接受后梁的册封，做了吴越国王。

言归正传。钱镠在信谏无果后，并没有就此作罢，而是亲自率兵前去劝阻。钱镠这样做主要是出于两点考量：一是想和董昌共据吴越一带，如果两人互为犄角，则进可攻，退可守，如此可在此乱世中立于不败之地；二是朝廷若要发兵征伐董昌，首先就会派自己去攻打，这实在非他所愿，何况到时候生灵涂炭，又要害苦一方百姓。如能劝董昌投降，实为一举两得的好事。

钱镠率兵到达越州（今浙江绍兴），陈兵城外，要与董昌相见。董昌知晓后登上城楼，与钱镠相对而谈。

"大王已经拥有数州，位兼将相，既富且贵，还有什么不满足的呢？一旦颠倒兵柄，对准朝廷，祸事不出一时三刻就会降临。今天我率军来此，只盼着大王能够改过。如若执意不听，一旦天子震怒，朝廷大军渡江而来，兵临城下，攻下城池只在旦夕，就不只大王危如累卵了，到时候乡党生灵也无一能幸免。是福是祸，全在于大王的选择！"

董昌素来信任钱镠，又听他说得十分有理，索性听从了他的建议，将怂恿他称帝的应智、王温、阿韩等人押到钱镠军中，同时许诺将向天子上表请罪。钱镠诛杀了应智、王温等人后返回杭州，向朝廷上表陈述其事。

虽然董昌此时听了钱镠的建议，但两人最终还是没有躲过这一战。结局自然是董昌身死，钱镠功成。讨平董昌是钱镠人生中最重要的战斗之一，此后，钱镠基本控制了两浙。

同年四月，钱镠之父钱宽过世了。由于征讨董昌在即，钱镠无暇葬父，只得将灵柩暂时安置在妥善处。直到光化三年（900），才迁葬到了临安县。次年九月，钱镠母亲水丘氏也病故了，与钱宽葬于一处，这就是现在的钱宽夫妇墓。

天复元年（901）春二月，钱镠回乡探亲，大会故老宾客，并派人将山林树木都覆上锦幄，以表衣锦之荣。同年五月，钱镠敕封石镜山为衣锦山、大官山为功臣山，五代后梁开平二年（908）又敕改临安县为安国县、广义乡为衣锦乡。

天复四年（904）四月，唐昭宗迁都洛阳，改元天祐，封钱镠为吴王，加食邑两千户，实封两百户。

公元907年，朱温称帝，建立后梁，定年号为开平，是为开平元年。朱温封钱镠为吴越王，兼淮南节度、扬州大都督、淮南四面招讨制置使。

吴越国的正式建立是在后梁龙德三年（923）。

该年二月，朝廷敕遣兵部侍郎崔晔、刑部员外郎夏侯昭前往两浙册封钱镠为吴越王，受封册建国之仪，一如典礼。吴越国建国后，吴越王所设仪卫名称多与天子相同，也置百官、丞相、客省使，只是没有改元，名义上还是尊中原为正统。

同年四月，李存勖即位于魏州（即北京大名府，今河北邯郸大名东北），建立后唐，定年号为同光。后梁灭亡。

钱镠任吴越王后，兴修水利，任用贤才，保境安民，对吴越国贡献显著。后人对其评价很高。苏轼在供奉吴越钱氏的表忠观落成后，作文记之，并在文中对钱镠大加称赞："天下大乱，豪杰蜂起。方是时，以数州之地盗名字者，不可胜数。既覆其族，延及于无辜之民，罔有孑遗。而吴越地方千里，带甲十万，铸山煮海，象犀珠玉之富，甲于天下，然终不失臣节，贡献相望于道。是以其民至于老死不识兵革，四时嬉游歌鼓之声相闻，至于今不废，其有德于斯民甚厚。"

这段文字的意思是：在天下大乱之际，豪杰蜂起，割据地方，意欲称王，最终不仅覆灭自己的家族，更祸及无辜百姓。而吴越国地方千里，兵甲十万，珠玉之富更是甲于天下，在这样的情形下，吴越王比其他诸侯更具备称帝的条件，然而吴越钱王"终不失臣节，贡献相望于道"，所以吴越之民至死不识兵革，杭州四时的嬉游歌鼓之声不绝。

经历过无数战乱的中国人，深知战争的苦难深重，最是渴求和平，因为和平才能繁荣，才能安乐。让百姓免于战火，这便是吴越钱王至高的功绩。他更有修筑海塘、疏浚内湖、发展经济等利国利民的举措，这样的临安之子的确是杭人的骄傲。

后唐同光四年（926）四月，钱镠生病，命第七子钱元瓘监国。

钱元瓘，原名钱传瓘，属"传"字辈，在其就任吴越王后改"传"为"元"，他的兄弟在世者也随其改名。他是昭懿夫人陈氏所生。陈氏并非钱镠原配，因为她的儿子继承了正统，才母凭子贵，被追封为晋国太夫人，谥号昭懿。

说起钱镠的妻妾，最广为人知的应该是钱镠深爱的原配吴氏，她一生为钱镠生育了十三个儿子。那句著名的"陌上花开，可缓缓归矣"，就是钱镠思念妻子，写信叫她回家时说的。

再说钱元瓘。他自幼聪颖，善待将士，在征讨叛贼、抗击匪寇中立有大功。后唐同光初，钱元瓘授检校太师，兼中书令、镇东等军节度使、观察处置使等。

天成四年（929），因重臣安重诲从中作梗，钱镠被朝廷要求以太师致仕。钱镠有意立钱元瓘为继承人，便命钱元瓘向朝廷奏禀此事，以雪其冤。最终安重诲以矫诏之罪被赐死，钱镠恢复元帅、尚书令、吴越国王之职。

长兴三年（932）二月，钱镠病重，后唐朝廷敕遣吏部侍郎卢詹、刑部郎中杨熏带去国信、汤药。

三月二十二日，钱镠病体垂危，他的儿孙皆在床前服侍，吴越国左丞相杜建徽、台虞两州刺史曹仲达也带领群臣侍奉在侧。

钱镠闭着眼睛躺在榻上，发出微弱的呼吸声。

"父王，药好了，多少喝点吧。"钱元瓘俯身轻声说道。

钱镠并不应言，抬眼看了看钱元瓘，问道："两位丞相来了吗？"

"丞相百官都在了。"钱元瓘答道。

钱镠看了看围在身边的家人、下属，说道："我这病是好不了了，我这些儿子愚懦，恐难当大任，你们看谁可以继任为帅？"说着喉咙里发出咕嘟咕嘟的声响，钱元璙、钱元瓘赶忙扶起父亲，为他抚背顺气。

曹仲达哭着说道："两镇令公仁孝有功，谁不爱戴呢？"曹仲达是钱镠的妹夫，在元瓘朝权知政事，拜丞相。两镇令公说的便是钱元瓘：因他是中书令，故称令公；又是镇东、镇海节度使，故称两镇。

"大王宽心养病吧，诸事都妥帖的。"杜建徽附言道。

钱镠虽病体沉重，但心里还是明白的。他一向看重钱元瓘，欲传位于此子之心，谁看不出来呢？他之所以有此一问，不过是因为钱元瓘非嫡非长，也没有被立为世子，所以想通过这种方式来正其继承之名。见众人皆拥护钱元瓘，钱镠便将执掌一方的吴越国印、镇海镇东印、内外城诸门及宫门契钥都交给了钱元瓘。

"将吏们推举你，你以后要勤政爱民，护佑百姓，守住国土。"钱镠握着钱元瓘的手说道。钱元瓘哭着点头应允。

"子孙后世都要善事中国，以中原为正统，不要妄图易姓自立，废了大礼。只要中国有主，我们始终以臣事之，他们是兴是仆，一概不要过问。圣人云'顺天者存'，又云'民为贵，社稷次之'。免动兵戈，就是爱民了。依我训言，世代都可享受光荣。"说完这最终的叮嘱后，钱镠闭上眼睛，不再说话了。

子孙众臣皆俯首称是，哭泣之声此起彼伏。至此，吴越国就交托到了钱元瓘的手上。

春夏之交的杭州，天气原本已经转暖了许久，但三月二十七日夜里竟又下起大雪。天生异象，王宫内外，都透着紧张凝重的气氛。元瓘和两个哥哥元璙、元玑围在榻前，寸步不敢离，吴越王的子孙并大臣乌压压站满了寝殿，却一丝咳嗽声都不曾闻得，众人如此守了一夜。

到了二十八日天将破晓的时候，钱镠薨逝，享年八十一岁，在位四十一年。朝廷闻知讣告后废朝七日，哀悼不已，敕谥武肃。

四月十八日，吴越武肃王灵车停到了衣锦军，直到

钱镠像

应顺元年（934）正月，才奉敕葬入安国县衣锦乡，即如今的钱王陵。

钱元瓘即位后，施行了一系列举措，为吴越国的后续安定提供保障：一是在吴越国境内实行大赦；二是继承父志，尊中原为正统；三是去掉了国家的典仪，使用藩镇法制。钱元瓘在位十年间，吴越平顺。

后晋天福六年（941）秋，天干物燥，王城街上的丽春院失火，火势过猛，蔓延到了王宫。当时钱元瓘已患病多日，身体衰弱，不离汤药。大火骤然烧到宫里，他一时惊惧攻心，吐了好大一口血，倒地不起。说起钱元瓘这病，还跟世子有关。

钱元瓘年近四十的时候才生下了第一个儿子钱弘僔，所以十分宠爱。钱元瓘即位后，便将其立为世子，还为他在城北建立了世子府。谁承想，钱弘傅只长到十六岁就病故了。钱元瓘骤失爱子，心痛不已，之后一直病恹恹的，精神萎靡。

此次钱元瓘病倒后，便移居到了瑶台院养病。瑶台院原本是世子府，世子薨逝后才改作他用。钱元瓘拖着沉重的病体挨了一个月后，于瑶台院的彩云楼仙逝，享年五十五岁，庙号世宗，敕谥文穆。翌年二月葬到了龙山的南原，就是如今的玉皇山南麓，现在墓前有明嘉靖年间立的"吴越国文穆王墓"碑。

钱元瓘墓和他的两位夫人的墓都不在一起，恭穆夫人马氏和顺德太夫人吴氏各有自己的陵墓。

恭穆夫人马氏葬于衣锦军庆仙乡，即如今的玲珑街道祥里村。马氏，临安人，父亲马绰是淮浙行军司马、雄武军节度使、同平章事。马绰与钱镠年轻的时候是至交，所以钱镠让元瓘娶了马氏。恭穆夫人天性聪慧，贤良有德，封吴越国夫人，后晋天福四年（939）十月薨，年五十岁，同年十二月归葬衣锦军。

顺德太夫人吴氏即吴汉月。吴汉月，钱塘人，自幼侍奉钱元瓘，深得恭穆夫人马氏的喜爱，后来成为元瓘之妃，生育了忠懿王钱俶。她于后周广顺二年（952）六月薨，八月奉敕葬于钱塘慈云岭之西，即今天的施家山南麓。

钱镠的父母（钱宽夫妇）墓，第一代吴越王钱镠墓，第二代吴越王钱元瓘之妻马氏墓、吴汉月墓，都属于吴越国王陵。而一般说钱王陵、钱王祠，说的则都是钱镠的祠墓。

钱王陵坐落在浙江省杭州市临安区锦城街道太庙山南麓，是浙江省唯一保存完好的帝王陵墓，昔为"临安十景"之一的"钱王古冢"。

墓背靠太庙山，左右列距青龙白虎两砂，与功臣山遥遥相对。陵区内筑有牌坊、钱王祠、州池、凌烟阁、安国楼等景点，到处是苍翠的松柏，登上安国楼，青山绿水秀丽美景尽收眼底。

钱宽、水丘氏夫妇墓是全国重点文物保护单位，在杭州市临安区锦城街道明堂山。其墓出土了白瓷耳杯、白瓷执壶、青瓷油灯、青瓷盖罂等文物百余种，墓顶上刻有极为珍贵的天文星象图。

恭穆王后马氏墓（康陵）也是全国文物保护单位，墓内石刻的彩绘壁画及墓顶线刻的天文星象图保存十分完好，有重要的历史、科学和艺术价值。

参考文献

1.〔北宋〕钱俨：《吴越备史》，文渊阁《四库全书》本。
2.〔北宋〕司马光：《资治通鉴》，文渊阁《四库全书》本。

青山有幸埋忠骨
岳家儿郎始得安

杭州西湖西北角有岳王庙，又称岳坟、岳飞墓，是纪念岳飞的主要场所。

现在的岳王庙和岳坟同在一处，位于栖霞岭南麓，总占地 1.57 万平方米，总建筑面积 3000 平方米，主要由墓区和庙区两部分组成。

岳王庙现存建筑为清康熙五十四年（1715）范时崇发起重建的。庙门外设一牌坊，上刻"碧血丹心"四字。岳王庙门楼为五开间门面，庄严大气。正中挂着一匾额，竖写"岳王庙"三字。

穿过大门，是一段 23 米长的甬道，两侧松柏森然，更增庄严肃穆之感。

甬道尽头是岳王庙正殿忠烈祠，此殿是重檐歇山顶式建筑，基座较高，垂带式台阶，使建筑形象更为高大、庄重。檐间悬"心昭天日"匾，为叶剑英元帅所书，这四字来自岳武穆遇害前在供状上写的"天日昭昭"。

大殿正中是彩色的岳飞塑像，身着紫色蟒袍，臂露金甲，显示了武将的英雄气概。塑像上挂着岳飞手书"还我河山"巨匾。

殿前两侧分别是东庑和西庑。东庑原是祭祀烈文侯张宪的，西庑原是祭祀辅文侯牛皋的，现在都已辟为陈列室。张宪和牛皋都是岳飞的部将，跟随岳飞转战南北，战功卓著。张宪是在岳飞案中一起遇害的，牛皋后来也死于秦桧之手。

庙的西边是岳飞墓，墓碑上刻"宋岳鄂王墓"字样，旁有其子岳云墓。墓道两侧有明代刻存的文武俑、石马、石虎和石羊，墓道阶下有秦桧、王氏、万俟卨、张俊四跪像。墓阙后重门旁有对联一副："青山有幸埋忠骨，白铁无辜铸佞臣。"墓道前方照壁上，有明人洪珠所书"尽忠报国"四个大字。

岳王庙内的这些匾额、对联、铜像，内含的是岳飞为国尽忠和含冤而逝的故事，时隔千年，这些故事还是一样的催人泪下、感人肺腑，更激励着后世子孙的爱国之心。且看青山是如何有幸埋了忠骨的。

"我的心意，也绝不是要对岳飞进行维护，而是认为现在大敌当前，无缘无故地就将一员大将处死，必定会大伤将士们的心。为国家大计着想，是不应该这样做的。"何铸对秦桧说道。

御史中丞何铸是第一个负责审理岳飞案子的官员。何铸曾和罗汝楫弹劾过岳飞，所以被派去审理此案。何铸在看了案子的相关证据后，觉得大都诬枉不实，无法坐实造反的罪状，便如实告诉了秦桧。但构陷岳飞是秦桧和张俊合谋的，岂会不知其中曲折？

秦桧听了何铸所言，很不高兴地说："这是今上的意思！"

后来，改用万俟卨审理此案。

万俟卨，开封人，后来官至尚书右仆射，同中书门下平章事，即宰相。万俟卨素来依附秦桧，秦桧让他来审岳飞就是为了直接给岳飞定罪。

审讯当日，万俟卨将张俊等人捏造的案卷放到桌上，便向左右喝道："提逆犯岳飞！"

不出一刻，岳飞被带到庭上。万俟卨一见岳飞威风凛凛地站在堂上，陡生嫉恨之心，便向他喝问道："朝廷有什么亏待你的地方，你要伙同张宪造反？"

岳飞听了，只气得浑身乱颤，以手指着天，愤然地说道："飞对天盟誓：我绝对无负于朝廷！你们既是主持国法的人，切不应当陷害忠良！你们如果要把我诬陷至死，我到冥府也要与你们对质不休！"

旁边站着一个狱卒，人唤阿三者，最是谄媚卑劣。他一直想攀附权贵，却苦无机会。这次审讯岳飞，御史中丞何铸被换，他已看出秦桧要置岳飞于死地，便想借机巴结上秦桧。他一看岳飞叱骂得万俟卨等人不敢言答，便决定站出来帮腔。主审人员好歹是科举出身，见岳飞凛然不可冒犯，又知道这是诬陷，难免心虚。但阿三这样的无赖，是没有什么廉耻之心的，他趁势站出班列，对岳飞喝道："岳飞叉手立正！"

老话说"虎落平阳被犬欺"，想来这就是了。

万俟卨定了定神，接着说道："相公说无心造反，可还记得游天竺寺时，曾在壁上留题说'寒门何载富贵'，这话是什么意思？既然写出这样的话，岂不表明有非分之想，存心要造反吗？"

岳飞苦涩地摇了摇头，叹道："我到现在才知道，既然落入了国贼秦桧的手中，之前所做的一切都成了罪证！"说完闭上眼睛，不再开口。

岳飞自是不会招认的，甚至绝食抗议。万俟卨等人一味严刑拷打，却没有得到任何供词。

从岳飞口中没有得到任何证据，万俟卨等人便再度找到首告者王俊。

王俊，人称土雕儿，这个称呼说的就是他反复奸诈、喜欢出卖同僚的特性。他在岳家军中任副统制，是军中的害群之马。张俊意欲加害岳飞，便暗中联络此人，作《告首状》，诬陷张宪谋反。张宪是岳飞部将，深受岳飞倚重，他们诬赖张宪，剑指的正是岳飞。

张俊拿到《告首状》后，逮捕了张宪和岳云，押入大理寺狱中。

岳云是岳飞长子，乃岳飞第一任妻子刘氏所生。《宋史》载，岳云是岳飞养子，这是不符合事实的。岳飞有五个儿子，长子岳云和次子岳雷均是刘氏所生。刘氏在岳飞在外作战的时候另嫁他人，岳飞之孙、岳霖之子岳珂对此事讳莫如深，便将岳云说成是养子。《宋史》采用了岳珂的说法，才有了后世不尽的误解。

这其实是很不应该的。岳云十几岁就随岳飞征战，有功于家国，且因是岳飞之子而死，不能只为了体面，就否认了他是岳飞亲子的事实。

且说万俟卨找到王雕儿后，授意他捏造了岳飞叛逆的言论，和构陷张宪时如出一辙。

据王雕儿所言，一年前，岳飞从郾城班师途中，寄宿在一座寺庙，晚上跟张宪谈论天下大事，岳飞问："天下事，竟如何？"张宪答："在相公处耳。"以此来说明二人早有不臣之心。

又说数年前，岳飞曾向人夸耀："三十二岁上建节，自古少有，只有开国的太祖皇帝，才是在这一年岁上做了节度使的。"敢与开国太祖相提并论，既悖逆又大胆，自然是谋反的罪证。

还有一次，岳飞召集诸将会谈，公开批判皇帝赵构："国家如今的处境不得了了，官家又不修德。"这也是大不敬之罪。

虽然罗织了这些罪状，但依然难以判处岳飞死刑。于是奸臣们决定用之前万俟卨弹劾岳飞时用的罪状：在淮西战役中违抗诏旨，逗留不肯进军。

之后，秦桧以尚书省的名义下了一道敕牒，言道："淮西之战，一十五次被受御札，坐观胜负，应以此作为岳飞最重大的罪行。"

到这个份上，他们把能罗织的罪名都安到了岳飞身上，以为可以据此定岳飞死罪，便聚集起来探讨为岳飞量刑的事。

"岳飞父子并张宪谋反的罪状都在这里了，诸位看看该如何判决？"万俟卨首先说道。

与会的有大理寺丞李若朴、何彦猷，殿中侍御史罗汝楫。三人对此案的来龙去脉都知道得很详尽，但还是依流程翻阅着案卷。

看完之后，李若朴首先说道："若依这些证据和证词，是不能定岳飞造反之罪的。"

"确是如此，最多以'违抗诏旨、逗留不前'的罪名判他两年刑期。至于造反之说，证据实在是过于牵强，不能定案。"何彦猷附议道。

这是万俟卨始料未及的。案子本身的说服力在他看来毕竟是次要的，宰相秦桧要置岳飞于死地的意思大家都看得出来，都到这个时候了，李何二人竟然还想从中作梗，影响判决。

可是换个角度来看，哪怕你权势熏天，也终究有人坚守良知的底线，不愿与之同流合污、残害忠良。

这时，罗汝楫重重地放下手中的茶杯，对李何二人说道："自十月底逆犯岳飞押入大理寺，至今已二月有余。其罪状清楚明白，证人证言也都有，二位还说什么证据不够呢？依我看，今日就出了判决，好向官家和秦相公交代。"

"岳将军是名将，定他谋反之罪，须得证据确凿，可如今这些证据多是一人之言，是不能据此定案的。"因为李若朴、何彦猷二人的反对，判决岳飞死刑的文书最终没能够出具。

那么，岳飞到底是以什么罪名被杀的呢？

与岳飞一样被秦桧忌惮而欲除之后快的还有当时的枢密使韩世忠。在岳飞被送入大理寺狱不久，韩世忠也被罢免了枢密使之职，以太傅头衔去当了醴泉观使。韩世忠目睹了秦桧陷害岳飞之事后，闭门谢客，从此绝口不提用兵作战之事，只在西湖闲游。

但对岳飞的事，他终究心中不忍，罢官不久便去找了秦桧。

韩世忠见了秦桧，单刀直入地问道："王俊在告首状中所告发的这些事情，究竟有哪些是可靠的？"

秦桧见韩世忠如此直接地质问，一时也没了气势，只得含糊其词道："岳飞之子岳云与张宪的书信往来虽然已经被毁，内容不明，但这件事，莫须有？"

韩世忠听了拍案而起，半晌方摇头叹道："相公，'莫须有'三字，何以服天下？！"说罢拂袖而去。

"莫须有"，有还是没有，秦桧心里清楚，韩世忠也清楚，天下人也清楚……可就是在这样的情形下，岳飞、岳云、张宪还是没有逃过此劫。正如叶绍翁所言："万古知心只老天，英雄堪恨复堪怜！"

这一天是绍兴十一年腊月二十九日（1142 年 1 月27 日），经过两个月的逼供和构陷，岳飞的死刑还没有定下来，秦桧甚感不安，已经费了这么大的气力，无论如何他都想在过年前杀了岳飞。但没有判决书，他也不好动手。该如何是好呢？

秦桧在书房吃着柑子，手里把玩着柑皮，心里盘算着该如何处理此事。这时，秦桧的妻子王氏走了进来。王氏见秦桧若有所思，便知他是在思量岳飞之事，于是走到秦桧身边，拍着他的肩头，奸邪地笑道："老汉何必这样没有决断，你要知道，放虎容易擒虎难啊！"

秦桧听了王氏的话，猛然清醒，即刻写了张字条送往大理寺，密令杀了岳飞父子并张宪。

万俟禼等人遵令最后一次提审岳飞，逼迫他在供状上画押。

岳飞知道这是他最后的时刻，便什么都没有再说，只是仰头看了许久朗朗的青天，然后在案上写下八个大字：

天日昭昭　天日昭昭

是日，岳飞被毒死，岳云和张宪也被斩首。

岳飞死后，有一名叫隗顺的狱卒，因痛惜岳飞之死，便冒着生命危险把岳飞的尸体背出城外，偷偷埋到钱塘门外九曲丛祠旁，还用玉环为他殉葬，并在坟墓旁种了两棵橘树作为标记。隗顺临死前，嘱咐他的儿子道："他日朝廷求岳将军尸身而不能得，必会悬官赏，你就告诉官府：'棺材上有一个铅筒，筒上有大理寺的刻字，这便是岳将军棺木的标志。'这是我埋的时候放入的。"

后来，官府果然四处寻找岳飞的埋葬之所，无所得后，便以官职为赏。此时，隗顺之子才告知了官府，找到后发现和隗顺临终所言一一吻合。

绍兴三十二年（1162）六月，赵昚即位，是为宋孝宗。孝宗是高宗继子，岳飞在绍兴七年（1137）曾向高宗提议立赵昚为皇太子。孝宗是南宋诸帝中较有作为的一位，他对岳飞之死深感痛心，所以在即位之后，便着手为岳飞昭雪。同年七月，孝宗下诏追复岳飞原官："以礼改葬，访求其后，特与录用。"

同年十月，以正式文告，宣布追复岳飞的"少保、武胜定国军节度使、武昌郡开国公，食邑六千一百户，实封二千六百户"；岳飞之妻李夫人恢复楚国夫人的封号；长子岳云追复左武大夫、忠州防御使，以礼附葬岳飞墓旁；次子岳雷追复忠训郎、阁门祇候；三子岳霖恢复右承事郎职。次年，又发还了岳飞生前在江州所置办的田宅房廊。

在恢复岳飞的生前官职后，又过了近十年才开始拟定谥号。

乾道六年（1170），湖北转运司上书，要为岳飞在鄂州建立庙宇，朝廷敕赐庙额为"忠烈庙"。到淳熙四年（1177），江东转运副使颜度上奏请为岳飞定谥。太常寺拟请"谥以忠愍"，孝宗没有同意，令别拟定。后来太常寺复议，建议说：

> 兹按谥法，折冲御侮曰武，布德执义曰穆。公内平群盗，外捍强兵，宗社再安，远迩率服，猛虎在山，藜藿不采，可谓折冲御侮矣；治军甚严，抚下有恩，定乱安民，秋毫无犯，危身奉上，确然不移，可谓布德执义矣。合兹二美，以"武穆"谥公，于是为称。

"折冲御侮曰武"意思是冲锋陷阵、抵御外敌可称之为"武"，定此字的依据是"公内平群盗，外捍强兵，宗社再安，远迩率服"。"内平群盗"即指岳飞讨平李成、张用、曹成等军，以及用软硬兼施的手法解散洞庭湖起义军的事。岳飞攘外安内，使"宗社再安"，远迩之人皆服，方得谥号"武"字。"布德执义曰穆"主要指岳飞带兵严谨，对百姓秋毫无犯，又抚下有恩，安乱定民，便是"布德执义"。

"武""穆"二字确切全面地表彰了岳飞的功绩和作风，所以孝宗同意了这个谥号，便正式下旨，宣布岳飞谥号为"武穆"。

后来，宋理宗认为"武穆"二字没有完全符合孝宗的本意，也不足以概括岳飞一生的功德，便将谥号改为"忠武"。但"武穆"之号那时候已经通行了近五十年，广泛地被大众所接纳，所以新拟的谥号并没有替代原有谥号，至今，我们还是习惯称岳飞为"岳武穆"。

嘉泰四年（1204），朝廷要对金用兵，宋宁宗便下诏，追封岳飞为鄂王，主要是想通过这种方式鼓舞六军士气。

孝宗曾在召见岳霖时宣谕曰："卿家纪律、用兵之法，张、韩远不及。卿家冤枉，朕悉知之，天下共知其冤！"

这里将岳飞誉满天下的《满江红》词抄录下来，一则缅怀，二则领略他的英雄气概和爱国之情。

怒发冲冠，凭阑处、潇潇雨歇。抬望眼，仰天长啸，壮怀激烈。三十功名尘与土，八千里路云和月。莫等闲、白了少年头，空悲切。　靖康耻，犹未雪。臣子恨，何时灭。驾长车，踏破贺兰山缺。壮志饥餐胡虏肉，笑谈渴饮匈奴血。待从头、收拾旧山河，朝天阙。

再续前言，说说岳王庙的兴废。

那日官府根据隗顺之子所说找到岳飞尸身后，依孝宗之谕，以礼改葬到了栖霞岭，岳云附葬在旁边。官府还将原来的智果院改为祭祀岳飞的祠庙，赐额为"褒忠衍福寺"。宋亡后，此寺便荒废了。

后来，岳武穆的六世孙、江州的岳士迪，与宜兴岳氏通谱，合力修复了荒废的岳王庙，但是没过几年又荒废了。

元朝至元年间（1264—1294），天台僧人可观向官府呈请岳王庙修复事宜，郑明德为其执笔。当时的杭州经历名叫李全，他看到奏疏后慨然应允，重新兴建岳王庙。庙内塑了岳鄂王像，岳飞的儿子岳云、岳雷、岳震、岳霖、岳霆之像附在旁边，后殿有岳王父母、李夫人和女儿"银瓶娘子"的塑像。但庙没过多久就毁坏了。

洪武四年（1371），正祀典称"宋少保鄂武穆王"，在原寺址上复建岳王庙，并于腊月二十九日进行了祭祀，这一天就是岳飞遇害的日子。

景泰年间（1450—1457），杭州府同知马伟修饬祠墓，向朝廷请旨，朝廷赐春秋致祭及"忠烈庙"额。

弘治年间（1488—1505），太监麦秀重建寝殿。右偏殿有流芳亭，里面放置了石刻岳王像，岳云所用铁枪彼时犹在。

正德八年（1513），用铜铸了秦桧、王氏、万俟卨三人像，反绑着双手跪在阶前的平台上。

正德十二年（1517），镇守太监王堂重新塑岳王、李夫人及五子一女像置于后殿，匾额题"一门忠孝"四字。

嘉靖三十七年（1558），总督都御史胡宗宪重修。

顺治八年（1651），巡抚都御史范承谟捐钱重修。

康熙二十一年（1682），殿宇倾塌，两淮转运使罗文瑜重建。

康熙三十一年（1692），知府李铎重修。

康熙五十四年（1715），总督范时崇发文书要求郡县重建。

雍正九年（1731），总督李卫重修，建石坊于祠前，题字"碧血丹心"。

乾隆十六年（1751），清高宗乾隆南巡，御题庙额。

乾隆三十年（1765），庙内两庑刻岳王的《满江红》词和《送紫岩张先生北伐》诗。紫岩张先生即南宋名臣张浚，号紫岩。西偏殿有流芳亭，亭内立石刻岳王像。

嘉庆六年（1801），浙江巡抚阮元重修。阮元晚年官拜体仁阁大学士，致仕后加官至太傅，政绩斐然，更是著名学者。

咸丰十一年（1861），庙再毁。

同治四年（1865），布政使蒋益沣重建。

岳飞是崇宁二年（1103）二月十五日夜出生的，生于河北真定府路的相州汤阴县（今河南安阳汤阴县）永和乡的一个村子，父亲名岳和，母亲姓姚。传说他出生时，一只大鸟在院落上空飞鸣而过，因此取名为飞，字鹏举。

岳飞的一生，是传奇，也是悲剧。他虽身死，但并没有失败。历史给了他应得的名分，他曾保护的百姓给了他应有的崇敬和热爱。残害过他的人也最终没有逃过历史的清算，以耻辱之名永为后人所唾弃。

我们须铭记他为了保卫国家浴血奋战，效法他对国家与百姓的满腔热爱，这也就算是秉承先贤之志了。

最后，让我们用另一位爱国忠义之臣、同样被诬枉致死的于谦的诗结尾：

岳忠武王祠

匹马南来渡浙河，汴城宫阙远嵯峨。
中兴诸将谁降敌，负国奸臣主议和。
黄叶古祠寒雨积，青山荒冢白云多。
如何一别朱仙镇，不见将军奏凯歌。

参考文献

1.邓广铭:《岳飞传》(增订本),人民出版社,1983年。

2.陆鉴三选注:《西湖笔丛》,浙江文艺出版社,1985年。

3.〔清〕沈嘉辙等:《南宋杂事诗》,文渊阁《四库全书》本。

社稷之臣含冤死
西湖洒酒祭于谦

　　葬于西湖的人虽多，但只有三人被列为"西湖三杰"，这便是岳飞、于谦、张煌言。清代袁枚曾赞颂道："赖有岳于双少保，人间始觉重西湖。"

　　现存于谦墓位于杭州西湖区的三台山麓，是祠墓合一的格局。20 世纪 80 年代，重建了于谦墓，新建的于谦墓高 2 米，青砖环砌，重刻墓碑，碑上书"大明少保兼兵部尚书赠太傅谥忠肃于公墓"几个大字，碑下的浮雕缠枝牡丹基座及墓前的祭桌、香炉都是明代旧物。

　　20 世纪 90 年代，墓道两侧配置仿明式石翁仲、石兽及牌坊。在 21 世纪初的杭州西湖湖西综合保护工程中，于谦祠又经保护整修，恢复了牌坊和甬道，现已成为湖西重要的人文景观。

　　于谦墓原墓坐西朝东，呈马蹄形，墓侧建旌功祠，又名于谦祠，南北宽 23 米，进深 30 米，墓道长 90 米。于谦墓作为明至清古墓葬，被国务院批准列入第六批全国重点文物保护单位名单。

　　于谦年少时，作了一首诗，名为《石灰吟》，诗曰：

千锤万凿出深山，烈火焚烧若等闲。

粉身碎骨浑不怕，要留清白在人间。

于谦所作的这首诗，几乎成了他人生的写照。《明史》评价于谦"忠心义烈，与日月争光"，并不是夸大之言。他以绝世之姿睥睨天下，因千古之冤身首异处。他光明磊落的一生，正如其诗中表述的那样，名垂千古，受人敬仰。

于谦，字廷益，钱塘人。七岁时，他遇见一位僧人，僧人惊奇地叹道："这孩子是未来的救时宰相啊！"果如其言，土木堡之变，若非于谦以一己之力力挽狂澜，大明江山在内忧外患之下难保不被瓦解。

于谦历事三朝，服官三十余年，位极人臣。他安社稷，固边圉，都是不世之功；而所上奏疏，明白洞达，切中事机，足显其经世之略；于诸子百氏之书又涉猎无遗，为文有奇气，诗词也清丽，人称为天下奇才。

明宣德元年（1426），于谦官授御史。奏对于明宣宗时，谈吐流畅，知识广博，气度恢宏，明宣宗大为赞赏。同年，汉王朱高煦在乐安出降，宣宗命于谦数其罪状，于谦正词崭崭，声色震厉，朱高煦被其言辞所慑，跪在地上战栗不已，口称自己罪该万死。宣宗十分高兴，认为于谦可以担当大任。回京后，亲手书写于谦之名授于吏部，又越级升其为兵部右侍郎，巡抚河南、山西。

于谦在此任上九年后迁兵部左侍郎，食二品俸。起初是三杨（杨荣、杨士奇、杨溥）在内阁主理政事，三人都看重于谦，凡是于谦的奏疏，上午呈报的，下午就获批。宣宗时能有"仁宣之治"，与其任用贤臣有重大关系，孤忠峻节如于谦者，他也能人尽其才。君明臣贤，如何能不成就一段盛世呢。

宣德十年（1435），明宣宗去世。其长子朱祁镇即位，庙号英宗。

明英宗宠幸太监王振，导致宦官专权，明朝的诸多波折也由此始。正统六年（1441），于谦曾被下狱三月，此事即与王振有莫大干系。

彼时于谦每次进京议事，都是空橐而来，从不携礼拜访京中权贵，因此得罪了一些宵小，通政使李锡便借机弹劾了他。起因是于谦上奏疏，推荐参政王来、孙原贞自代，李锡知道有和于谦同名者曾忤逆过王振，便弹劾于谦因久不升迁而心生怨望，应下司法论处死刑。

之后于谦被投入大狱，太监王振知道了原委后又释放了他，降职为大理寺少卿。山西、河南两地的官吏百姓得知此事后，上千人伏阙上书，请求留下于谦，河南周王、山西晋王也建言请留，于是于谦官复巡抚之职。

正统十四年（1449）秋天，瓦剌也先入侵。王振怂恿明英宗亲征，于谦和兵部尚书邝埜极力劝谏，英宗不听，邝埜只得随英宗一同北上，留下于谦掌管兵部。结果在土木堡英宗被俘，京师大震。

国主陷落，众臣惊慌，不知所措，如同热锅上的蚂蚁。当时是郕王朱祁镇监国，他便命群臣廷议是战还是守。

"臣夜观天象有变，以为应当南迁。陛下亲征尚且不敌外虏，况且如今京师的劲甲精骑都已陷没，剩下的残兵不足十万，人心震恐，如何抵挡得了也先大军？"提议的正是侍讲徐珵。徐珵即是谗杀于谦、王文的徐有贞，此时他任翰林院侍讲，有贞是他后来改的名字。

"说要南迁的，就该斩了！"于谦厉声喝道，"京师是天下根本，一动就大势去了！难道不见宋廷南渡的事吗？！"

郕王点头道："于卿所言有理。"

于谦接着说："请王爷发檄文调取两京及河南备操军、山东及南京沿海备倭军、江北及北京诸府运粮军，命他们立即奔赴京师。"

"就按于卿所奏，本王以监国之名擢升于卿为兵部尚书，抗敌一切事宜皆听于大人调度。"郕王临战点将道。众人看于谦这般经画部署，心才稍安。

大敌当前，于谦并未谦让，领命后着兵部主事起草檄文。

这次土木堡之变，祸皆在宦官王振。此时郕王摄政、英宗被俘，群臣便请诛杀王振全族。此时王振的党羽、锦衣卫指挥使马顺，闻言便骂起了言官。

"陛下不在，你们岂敢诛杀翁父全族？！"

"若非你们这些奸佞谗言祸国，事情又怎会到这个地步？"给事中王竑气愤不已，说着便几步奔到马顺身旁，扯住他厮打。众人看见王竑动了手，也都跟上去殴打马顺。瞬时朝班大乱，护卫喝止的声音响彻殿堂，却无济于事。

郕王见了这阵势，吓得起身要离开。于谦奋力挤开众人，到郕王身边，挽住郕王胳膊，在他耳畔说道："王爷切不可走，此时正需要您坐镇。马顺等人论罪当死，无须再论，请王爷宣谕。"

最后，马顺被群殴致死，于谦的两只袖子也被撕扯掉。这样的朝堂斗殴实属前所未有，史称"午门血案"。

事情平息后，众臣退出。走出左掖门后，吏部尚书王直握着于谦的手说："国家正是要倚仗于大人了，今日的情形，纵然有一百个王直，也不能奈何。"王直亦是明代名臣，土木堡之变后，群臣以他为首。他对于谦的盛赞，正说明当时情况之危机、于谦之智计，是超出我们想象的。

"午门血案"之后，不论是郕王还是百官，都倚重于谦，凡事皆依于谦之令而行。于谦也毅然以社稷安危为己任，既不推责，也不居功。

于谦听了王直的话，思忖片刻后说："王大人言重了，谦有一事想与王大人商议。如今皇上被擒，太子年幼，敌寇在国门虎视眈眈。国不能无主，我们该请立郕王为帝才是。"

王直点头道："于大人这话说得是，依眼下的情形，皇上几时能回銮没有定数，如果国家长时间无主，溃败就在眼前了。咱们这就去向皇太后请旨。"

二人商议后便回宫请求面见皇太后，皇太后孙氏以国家为重，同意立郕王为帝，但郕王惶恐不安，数次拒绝。于谦苦劝道："臣等诚是为了国家，绝无私心，请王爷勿再推辞！"郕王方才同意。

该年九月，郕王朱祁钰即位为帝，改元景泰，是为明景帝。

于谦奏对于景帝时，慷慨哭泣道："敌寇得志，要扣留大驾，势必轻视中国，长驱而南。"

景帝道："依卿看，当如何？"

于谦道："请命令诸边守臣协力防遏，京营兵械按需分配下去；再募集民兵，令工部造兵器铠甲；遣都督孙镗、卫颖、张轨、张仪、雷通分兵守九门要地，列营郭外；都御史杨善、给事中王竑参奏让城外居民入城，可以采纳；通州积粮令官军自己到京城支取，切不可留下来资敌；文臣如轩輗者，宜用为巡抚；武臣如石亨、杨洪、柳溥者，宜用为将帅；至于军旅之事，臣以身当之，不效则治臣之罪。"

景帝道："悉听卿言！"

及至也先挟英宗破紫荆关直逼京师的时候，京城已经布防严固。

此时石亨提议收兵固守城池，不予迎战。于谦反对道："何必向对方示弱，让敌人更加轻视我们。"随后分遣诸将，率师二十万，列阵九门外，兵部事宜交付给兵部右侍郎吴宁代理，城门全部关闭，亲自督战。

于谦下令：临阵之将不顾军队先退者，斩其将；军人不顾将领先退者，后队斩前队。于是将士知道这是一场没有退路的战斗，便都豁出性命去拼杀。

也先刚到京师时，以为攻下京城是旦夕间的事，等见了京师官军严阵以待，便感到有些沮丧。叛徒太监喜宁见状，唆使也先让明大臣迎英宗圣驾，乘机索取金帛数以亿计；再邀于谦、王直、胡濙等出来协议。景帝不许，也先更觉灰心。但大军已到，总不能不打吧。

开始时，也先进攻德胜门，于谦命令石亨设下埋伏，只遣几名骑兵诱敌。也先看守卫空虚，便以一万骑兵攻入。副总兵范广发射火器，伏兵一起出击，也先弟弟孛罗、平章卯那孩中炮而死。敌军转攻西直门，都督孙镗带兵抵御，石亨也分兵驰援，敌军退。副总兵武兴击敌于彰义门，与都督王敬共挫敌军前锋。

瓦剌兵见势不能为，引兵退去，此时有数百大明官兵为了争功，跃马追击，导致明军阵前大乱，副总兵武兴被流箭射死。瓦剌兵退到了土城，周围居民爬到屋顶，呼喊着投掷砖石攻击瓦剌退军，哗声震天。王竑和福寿也带着援兵追到，瓦剌兵再退。

如此相持五日，也先见要求不被答应，战又不能取胜，便知这次南侵终究不能成功了。又听闻各路勤王大军很快就到，担心归路被截断，索性押着英宗由良乡往西退走。

于谦调兵追击，直到紫荆关才折返。

回到京师，景帝论功加封，欲封于谦为少保，总督军务。于谦道："国家多兵患，是卿大夫之耻，怎么敢邀功赏？！"辞而未就。又增兵守卫真定府、保定府、涿州、易州等州府，请旨派大臣镇守山西，防止瓦剌南侵。

景泰元年（1450）三月，大同参将许贵上奏，说迤北有三个瓦剌人来求和，建议大明遣使者讲和。于谦道："前番派遣了指挥季铎、岳谦前往讲和，而也先随即入侵；又派通政王复、少卿赵荣讲和，连太上皇的面都没有见到就回来了。可见讲和是行不通的。何况大明与瓦剌是不共戴天的，于理也不该讲和。许贵为守城武将，却如此惬怯，何以敌忾，按法当诛！"并发了檄文切责。

从此，边将人人主战，再也没人敢提讲和的事。

也先在挟持了太上皇之后，对朝廷提了诸多要求，这些都是叛贼喜宁出的主意。于谦便密令大同守将捉拿喜宁，然后斩杀。

景泰元年八月，距离太上皇北狩已经一年，也先见明朝安然无恙，就想求和，多番派遣使者前来，请归太上皇。王直等商议派遣使者去奉迎英宗，景帝不高兴地说："朕本来不愿登大位，当时几番推辞，最后是你们一再请求，朕才决定继承大统，如今迎回太上皇，朕将如何自处？"

于谦从容地说道："天位已由陛下继承，又岂会有其他情况，按理当速速接回太上皇。万一瓦剌方有诈，我自有说辞。"

景帝听了，欣然应允："就听你的，就听你的。"

明廷先后派遣李实、杨善前往瓦剌，最终迎回了太上皇，这都依赖的是于谦之力。

于谦任兵部尚书时，也先势力正大，国内也烽火四起，大明王朝一时内忧外患。

当时，兵马、粮草、将领等都是于谦一人指挥调度，形式惊险多变，稍有不慎，顷刻就是国家覆亡之祸。

于谦却镇定自若、胸有成竹，所视所指，口具章奏，均能正中要害、切合机宜。幕僚官吏见了于谦这般指挥若定，相顾惊骇的同时均暗自叹服。

于谦之才思敏捷，精神周至，一时无人可比；又至情至性，忧国忘身，虽迎归太上皇，却口不言功。平素自奉俭约，所住屋舍仅能遮蔽风雨。景帝赐他西华门居所，他辞而不受，言道："国家多难，臣子何敢自安？"只取皇帝所赐玺书、袍、锭之类，加封收纳，到年节时拿出来看一看。

景帝是位知人善任的英明君主，他对于谦知之甚深，信任亦深。于谦所论奏疏，他无有不允。景帝曾派人往真定府、河间一带采野味，到直沽海口造干鱼，于谦说了一句，他便不再去了；要起用什么人，也会去密访于谦，于谦自然是据实以对，无隐无私，不避嫌怨。

景帝推心置腹，于谦亦忧国忘家。于谦遇景帝，是于谦之幸，也是百姓之幸；景帝得于谦，亦是景帝之幸，是大明之幸！

有道是："大都好物不坚牢，彩云易散琉璃脆。"明景帝和于谦如此君臣一心的景象在夺门之变中竟一朝破灭。

景泰八年（1457）正月十六，石亨、曹吉祥、徐有贞等密谋迎英宗复位，次日宣谕朝臣后，便将于谦和大学士王文下了狱。罪名是于谦与大臣勾结，欲更立东宫太子；又与太监王诚、舒良等密谋迎立襄王之子。石亨等主张此议论，并唆使言官上奏弹劾于谦。都御史萧惟祯据此定了于谦谋逆罪，判处极刑。

王文接受不了这样的诬陷，上书辩白。于谦笑着说："不过是石亨等人的意思，辩白有什么用？"

置生死于度外，大概说的就是于谦吧。

石亨等将定刑奏疏拿给英宗看的时候，英宗尚且犹豫，他对徐有贞说道："于谦是有功的。"

徐有贞道："于谦虽有功，但若不杀他，我们迎陛下复位就师出无名了，还请圣上决断！"

听了徐有贞的话，英宗便同意了处决于谦。

正月二十一日，改元天顺。

二十二日，于谦被斩于市，家也被抄，家人流放戍边。这一天，阴霾四合，天下人都知道是于谦被冤杀了。

遂溪的教谕吾豫上书言道：于谦之罪当诛全族，他所举荐的官员亦当全杀。内阁没有同意。又有千户白琦请旨：将于谦之罪榜告于天下。一时间，希旨取宠者皆以于谦为口实，诽谤丛生。

自从也先入侵后，于谦誓不与贼共生，便住在直庐，家都不回。他原有咳喘的旧病，此时复发，景帝就派遣兴安、舒良，几番看视；听说他服用过于简单，就赐他一些衣物、菜品；又亲自去万岁山，砍竹子取竹沥赐给他。有人就说，景帝宠爱于谦太过。

兴安等人说道："于大人日夜为国分忧，不置家产，如果他不在了，叫朝廷再到哪里去找这样的人？"

于谦家被抄的时候，家里没有多余的财产，他的妻子固守着一把钥匙，打开后发现是皇帝所赐的蟒衣、剑器等物。

曹吉祥手下有一名指挥，名叫多喇者，在于谦死后，祭祀于谦，把酒浇在于谦被害之所，放声恸哭。曹吉祥见状气恼，用鞭子责打了他。第二天，多喇者又去祭祀。

都督同知陈逵感于谦忠义，收敛了于谦遗骸进行殡葬，并于次年归葬杭州。

皇太后孙氏起初不知道于谦已死，知晓后嗟叹哀悼了数日，英宗也后悔了。

于谦死后，石亨党羽陈汝言接任兵部尚书，不到一年，就获罪被查抄，所敛资财累计巨万。英宗召大臣进宫参观其赃物，怅然说道："于谦在景泰朝被杀时，没有一点多余的财产，汝言却有这么多！"石亨低着头惭愧无言。

不久，外敌袭境，英宗忧形于色，恭顺侯吴谨侍奉在侧，进言道："要是于谦还在，敌寇就不会攻到这里了。"英宗听了，默然不语。

同年，徐有贞被石亨斗倒，贬到金齿；又过几年，石亨也获罪下狱而死；曹吉祥因谋反被诛杀全族。这些迫害于谦之人被治罪之后，于谦的冤屈才得以昭雪，前后也不过三四年的时间。

成化二年（1466），于谦之子于冕获赦得归，上疏讼于谦的冤案。于谦之冤，天下皆知，所以不久就恢复了他生前的官职，并赐祭。

明宪宗在为于谦平反的诰文中说道："当国家之多难，保社稷以无虞。惟公道之独特，为权奸所并嫉。在先帝已知其冤，而朕心实怜其忠。"这是说在国家多难之际，于谦保得社稷无虞。只因于公走的道路独特，便为权奸所妒忌，先帝（英宗）已经知道了他的冤屈，朕心实是怜悯他的忠诚。

弘治二年（1489），赠于谦特进光禄大夫、柱国、太傅，谥号肃愍。赐祠曰"旌功"，主管官吏年下致祭。万历（1573—1620）中，改谥"忠肃"，历代祭祀不绝。

嘉靖十六年（1537），巡按御史周汝员嘱咐钱塘令李念翻新于谦祠。在此之后，巡按御史傅凤翔、阎邻、王绅，巡盐御史高對相继协修。

嘉靖三十九年（1560），由浙直总督胡宗宪批据，钱塘县与仁和县共同申请将于坟重修，此次重修所费工料价银共该四百七十九两五分七厘。

隆庆三年（1569），王世贞调任浙江参政，四月到任后，嘱托钱塘县典吏查勘祠堂损坏情况。查勘完毕后，便命有司修葺。且王世贞自己写了记文，文中的记载非常详尽，祠宇何处坍塌，几处损坏，都记录在案。

万历四十二年（1614），武陵人杨嗣昌以御史之职前来杭州主理两浙盐务，一进入杭州，他首先去拜谒了于忠肃公的陵墓。在参看过之后，他对下属叹道："浙江的伍子胥大夫、岳武穆、忠肃公三者鼎立，然而忠肃公的祠堂如陋巷矮屋一般。"又说："此一丸土，怎么能容得下百万风车云马？"

于是，杨嗣昌率先捐出俸禄以整修于谦祠，命仁和县令乔君鸠工聚料，并在修葺的时候进行扩增。竣工后的祠宇岿然巍峨，成了西湖之上的壮丽景观。他还嘱咐陈继儒作记文立碑。

康熙三十一年（1692），知府李铎重建于谦祠，又写了重修墓祠记。记文中对于谦给予了高度而精准的评价：

> 忠肃公以一命文臣定大策，建大议，谋谟庙堂，决胜千里。挟君者不得肆其求，闻谍者不得乘其隙……惟公以扶危定倾之才，济其鞠躬尽瘁之节。决然以社稷为重，君为轻。是以能弘济艰难，中兴家国。安九庙之神灵，拯万民于涂炭。

这段话每句都述说着于谦的故事，歌颂他的功绩，"社稷为重，君为轻"相较于忠君爱国的理念更高尚、更难得。论才于谦可以"扶危定倾"，在大明覆亡之际，坐定乾坤，"决胜千里"，从而"安九庙之神灵，拯万民于涂炭"；论德他"鞠躬尽瘁"，家无私产，才有死后万民哀之的情景。

雍正七年（1729），总督李卫饬令下属重修。

乾隆十六年（1751），乾隆南巡，御书"丹心抗节"额。

嘉庆二十五年（1820），奉祠生于潢向上级官府请命，言道旌功祠应该加以修缮了。

奉祠生，又称奉祀生、奉祠宫，是明清时期政府为圣贤等各类祠庙祭祀而设的八品生员。

当时的钱塘县令宣君在收到申请后，到旌功祠去考察，并将损坏程度记录了下来：入门的前庭、殿宇右边的两根柱子、梦神祠，都已损坏。于是钱塘令应允了于潢之请，又斥白金八百余两。

在宣县令离任时，还嘱托继任者方县令继续完成此事。又得钱塘绅士陈桐生、许乃谷集资辅助，工程历时五个月。林则徐为此次重修写了碑记。

咸丰二年（1852），杭州郡绅周澍等，因于谦祠墓岁久失修，倾圮成墟，便自发组织起来，重新修葺飨堂，装修神像。但因时间紧、经费缺，仅为"扶持之计，未及全庙重新"。

咸丰十一年（1861），于谦祠毁于兵火。

同治八年（1869），为重塑于谦在百姓心目中的地位，郡人吴煦、濮诒孙、丁丙等请款重建于谦祠。此次重建将袁枚庙碑补嵌在神龛的后面。

由于于谦祠祠墓一体，所以记载中说到重修于谦祠或于谦坟，一般指两者同修。

于谦在《咏煤炭》一诗中说道："但愿苍生俱饱暖，不辞辛苦出山林。"说的何尝不是他自己呢？观其一生，于谦既是留清白在人间的石灰，也是燃烧自我、温暖别人的煤炭。

参考文献

1.〔清〕张廷玉等：《明史》，中华书局，1974 年。
2.陆鉴三选注：《西湖笔丛》，浙江文艺出版社，1985 年。

小溪澄　小桥横
小小坟前松柏声

　　苏小小墓，即慕才亭，位于杭州西湖西泠桥畔。20世纪60年代墓亭被毁坏，21世纪初，杭州市政府重修了苏小小墓。园林专家孟兆桢根据老照片反复推敲后对该墓进行重建，墓碑铭文"钱塘苏小小之墓"。重建后的苏小小墓亭用泰顺青石雕琢而成，由6根方柱支撑，高3.15米；墓径2.6米，高0.9米。重建后的慕才亭内有12副楹联，邀请了沈鹏、马世晓、黄文中等十数位书法家题写。

　　楹联如"桃花流水窅然去，油壁香车不再逢""几辈英雄拜倒石榴裙下，六朝金粉尚留抔土垄中"，都是从苏小小的故事中衍生出来的。苏小小本人的事迹未见于正史，但她仍以才名享誉后世，尤为文人所倾慕。创作诗词感怀苏小小的名家不在少数，例如朱彝尊、徐渭、袁宏道、李贺等。才子咏佳人，向来是佳话。

　　元和十年（815），唐代著名诗人李长吉客居潞州，住在潞州节度从事张彻的府上。李长吉便是李贺，字长吉，因是河南昌谷人，又称李昌谷。

　　此时李贺已经病重，晚上服药过后就上床卧养了。

侍女蛮儿正准备拿走枕边的一摞书，李贺阻止道："你自去休息，书放那就是了，待我看完自己收拾。"

蛮儿道："大人说了，要先生静养，不可多读书，我还是拿走吧。"

"既然这样，你陪我说会儿话吧。"李贺笑道。

"说什么呢？我最是笨嘴拙舌的，能与先生聊什么呢？"蛮儿郑重其事地问道。

李贺看她如此天真，觉得很是可爱，便温言道："就把手上的书拿过来，我教你读书好了。"

"读书？好呀，好呀，我还不识得多少字呢，先生就教我认字吧。"

李贺摇头道："认字没意思，我给你讲书中的故事吧。"

蛮儿听了越发高兴，扶李贺坐了起来，拿过灯盏，捧来书籍，坐在他身侧。李贺看她做事聪明伶俐，心中更喜。他拿过书看了看，正是《玉台新咏》，便道："你指一首我给你讲，好不好？"蛮儿笑着点了点头。

随手一翻，却是《古诗为焦仲卿妻作》，李贺看了皱眉不语。蛮儿不解，正想问，却听李贺说道："再换一首吧。"蛮儿便又细细地翻看。

"这个我知道，先生前几天写了诗的，我看见了。"李贺一看，蛮儿指着的正是柳恽的诗。他惊讶于这小丫头的记忆力，也为她感到可惜。不过，做个才女也未必比做个侍女幸福。想到此间，便说道："我给你讲一个江南名妓的故事吧。"

"书中有的吗？"

"有的，拿来我给你找。"李贺说着，翻到了《钱唐苏小歌》一首，诗曰：

> 妾乘油壁车，郎骑青骢马。
> 何处结同心，西陵松柏下。

"这诗说的什么意思呢？"蛮儿不解地问。

"这说的是郎妾同游、共结同心的事。作诗的便是钱塘名妓苏小小。"

"名妓？她作得诗，所以有名吗？"

"是啊，她不仅作得诗，容貌还美，所以很有名。"

"然后呢？他们后来怎么样了？"

李贺看她着急，不觉失笑："你说这世上好事多还是坏事多？"

"这我也不知道，但先生既这样问了，他们必是没有好结局了。"蛮儿说着，面带伤感。

这时，却有风掀起帘子吹了进来。深秋夜凉，李贺又病重体弱，不觉两肩生寒、脊背钻风。病重之人，哪里承受得住，一时喷嚏连连，眼泪直下。蛮儿吓得赶紧为他披了披被子，准备撤去靠枕，劝他睡觉。

李贺握住蛮儿的手腕，摇了摇头，嘱咐她："不打紧，你去为我准备笔墨来。"说着起身披了衣服，独个儿来到院中。只见清月皎洁，玉宇深沉，真是一轮高照，大地分明。李贺站在花圃前，随口吟道："织女机丝虚夜月，石鲸鳞甲动秋风。"

这是杜甫《秋兴八首》中的一联。杜甫作此诗时，也是客居异乡，后四年便在舟中亡故。想到杜甫半生漂泊，终不得志，自己何尝不是仕途不得意，如今又重病在身，来日的事皆是可以想见的。正想到此间，就听到蛮儿在叫他："先生，笔墨好了，你快些进来吧，仔细叫风吹了。"

蛮儿打起帘子，手扶在门框上望着他。

李贺回身看见蛮儿站在门口，清寒的月光照着屋檐，帘后半露的侍女殷殷地望着外面，月亮的柔光映得这场景似是人间，又似异域……

他一动不动地看了片刻，然后大步向屋内走去。到了案边，拿起笔写道：

> 幽兰露，如啼眼。
> 无物结同心，烟花不堪剪。
> 草如茵，松如盖。
> 风为裳，水为佩。
> 油壁车，夕相待。
> 冷翠烛，劳光彩。
> 西陵下，风吹雨。

写罢，打了个冷战，便回床上歇下了。

蛮儿看了不解，只好收起来，第二天张彻过来看望李贺时，她拿出来叫张彻看。

张彻看了，惊叹不已，直说："妙绝似鬼语！"

李贺所写这首诗，正是著名的《苏小小墓》，历代吟咏小小的佳作众多，但依旧要推李贺这首为魁。

苏小小原是南齐名妓，相传为有才、有识、有貌的奇绝之人。据说她生于妓家，父亲不知是何人，母亲又早死，就养在贾姨母处。家住在西泠桥畔，受西泠山水之滋养，到了十二三岁上，就已然性慧心灵，姿容如画。有人说她"远望如生花白雪，近对似带笑芙蓉"，以为是从来所没有的美貌。

彼时的西泠桥附近，还不像现在这样便于游览。沿湖而行，路程不下一二十里。女子又不便骑马，小小便叫人制造了一架小香车，四周有幔幕垂垂，命名为"油壁车"。

自从造了车，小小常命一人推着，傍山沿湖去游玩，成日里自由自在。久而久之，一些思慕她的人，或富家公子，或科甲乡绅，争相欲谋她为歌姬或娶她为侍妾，但小小尽皆辞去。

贾姨母劝她择一人托付终身时，小小回道："小小知道姨娘是爱惜甥女，但小小有一癖好，就是爱这西泠山水。若是一入樊笼，就只能坐井观天，不能再遨游于两峰三竺之间了。"

一日，小小乘车观玩湖堤一带的山光水影，不期遇到一个少年郎君，骑着一匹青骢马，金鞍玉镫，从一处湾里出来。这少年便是苏小小后来的情郎——阮郁。

二人俱是少年佳人，品貌非凡，一见之下，各自倾心。后来在贾姨母的撮合下，结了情缘。起初时，两人倒也十分恩爱缱绻。欢乐时光匆匆过，三个月后，阮郁的父亲在朝中遇到急变，逼他立刻回建康。这一走，真应了那句话 —— 一去不回唯少年。

阮郁走后，小小为遣心中烦闷与思念，常常坐着油壁车去湖边玩耍。某次，遇到书生鲍仁。鲍仁虽满腹才学，却贫寒落魄，小小慧眼识英才，便赠以百金，助他考取功名。

四五年后，鲍仁已是滑州刺史，特来西泠桥畔报答小小知己之义。这也算是上天垂怜，他来的时候小小虽已病逝，但犹未下葬。他便问贾姨母小小有什么愿望，好略尽点心意。贾姨母道："小小临终只说：'但生于西泠，死于西泠，埋骨于西泠，庶不负我苏小小山水之癖。'"

鲍仁就叫了风水先生，在西泠择了一块吉地，又叫匠人兴工动土，造成一座坟墓，坟前立一石碑，题了"钱塘苏小小之墓"几个字。

上述是苏小小的传说，是否属实，难以考证。但苏小小墓却是实实在在位于西泠桥畔的。在杭州的众多陵墓中，苏小小墓独占风流。

乾隆四十五年（1780），圣驾南巡。乾隆在游览时曾向当地官员询问过苏小小墓的情况。到了乾隆四十九年（1784），再次南巡的时候，苏小小墓已经是石头所筑的坟头，作八角形。上面立着一块碑，碑文大书"钱塘苏小小之墓"。

道光年间，任杭州驻防将军的特依顺，修治过小小墓后，又在墓上筑了"慕才亭"，供人游览。

清人沈复曾叹道："余思古来烈魄忠魂埋没不传者，固不可胜数，即传而不久者亦不为少，小小一名妓耳，自南齐至今，尽人而知之，此殆灵气所钟，为湖山点缀耶？"

这个观点为苏小小墓为人所喜提供了一种解释，笔者亦以为然。苏小小一生钟爱西湖山水，终为西湖山水之一点缀，也是葬得其所，互增意韵了。

参考文献

1.〔南朝梁〕徐陵编，〔清〕吴兆宜注：《玉台新咏》，世界书局，民国二十四年（1935）出版。

2.刘衍：《李贺年表》，《岳阳师专学报》1982年第4期。

3.陆鉴三选注：《西湖笔丛》，浙江文艺出版社，1985年。

第四章

塔与寺：东南佛国的光辉象征

空旷的平地之上，如果坐落着一座撑空突兀的古塔，除了远观，除了仰望，您还会想到用怎样的辞藻去形容？

其实，佛经里就有个现成的词——"从地涌出"，不仅形象，而且生动，完全可以直接用来描摹古塔拔地而起的轩昂气势。

杭州地面上，从古至今，从地涌出的塔，不可谓不多。

在高层建筑不多也不密集的古代，塔绝对是一个城市最为显眼的地标。徐徐展开宫廷画家李嵩的《西湖图卷》，著名的雷峰塔就非常突出地屹立于南宋的首都之中。

这个都城后来受到元军入侵、破坏，即便如此，仍被姗姗来迟的意大利旅行家马可·波罗誉为"世上最美丽华贵之天城"。毕竟有吴越国七十多年的擘画、宋朝一个半世纪的经营，加上点缀其间的湖山胜景近乎永恒的存在，所以，一时蒙难的杭州依然能显示出与众不同的皇城气象和王者风度，也就不足为奇。

七十余年中，佛教盛行吴越国，佛音梵呗如西湖歌舞，四时无休，西湖内外新增了许多寺院和宝塔，于杭城的名贵、富丽之外又平添了一些神秘、庄严，比如钱塘江畔、月轮山麓的六和寺与六和塔。

梵语称塔为浮屠。俗话说："救人一命，胜造七级浮屠。"但在古人看来，造一浮屠，也能救多人之命。北宋开宝年间，杭州还是吴越国的首都，钱塘江潮汹涌澎湃，为害一方，令天下兵马大元帅、吴越国王钱俶极为头痛，于是在智觉禅师延寿的建议和督造之下，建起了一座高九级、五十余丈、跨陆俯川的六和塔，以镇压江潮、保民平安。

稍后几年，钱俶为了珍藏"佛螺髻发"，也就是佛祖释迦牟尼的头发舍利，又建了一座砖塔，其形制、结构与六和塔基本相同，当时叫作"西关砖塔"或"皇妃塔"，后因《白蛇传》故事的广泛流播，人们记住了它那闻名退迩的别称"雷峰塔"。

在断桥边，欣赏完残雪或新荷，向西湖北岸宝石山上望去，视线总躲不开"钻天的锥子"一般的保俶塔。如果说倒掉前的雷峰塔像老衲，六和塔像将军，那么保俶塔就非苗条美人不足以比拟。相较其他建筑，保俶塔更适合担当西湖乃至整个杭州的文化地标。保俶塔原本是钱俶的母舅吴延爽造来保存唐朝高僧善导和尚舍利的，始建于公元948至960年之间，原有九级，北宋重修之后为七级，民国重修时改为八面七层仿木结构楼阁式砖砌实心塔，并一直延续保存至今。塔虽不能登，但它对研究西湖的变迁、人文景观的形成和佛教文化的传播却具有重要价值。

还有闸口白塔，西泠印社华严经塔，灵隐寺双塔双经幢，香积寺石塔，龙兴寺经幢，余杭双塔和安乐山慧定法师塔，富阳龙门古镇同兴塔和联魁塔，建德南北峰塔和抟云塔，临安功臣塔，普庆寺石塔，西天目山塔群，桐庐桐君塔和阆里普同塔，淳安龙门塔和三和尚塔，不一而足，或七宝玲珑，或金碧排空，把杭州地区这个佛教兴盛之地点缀得出尘且耐看。

古塔之外就是古寺，现在声名最响的是灵隐寺，又名云林寺，背靠北高峰，面朝飞来峰。其始建于东晋咸和元年（326），占地面积约 8.7 万平方米。灵隐寺开山祖师为西印度僧人慧理和尚，南朝梁武帝赐田并扩建。灵隐寺主要以天王殿、大雄宝殿、药师殿、法堂、华严殿为中轴线，两边以五百罗汉堂、济公殿、华严阁、大悲楼、方丈楼等建筑构成。

净慈寺作为西湖四大古刹之一，也是中国的著名寺院。因为寺内钟声洪亮，所以"南屏晚钟"成为"西湖十景"之一。该寺在杭州的南屏山慧日峰下，是五代时吴越国钱俶为高僧永明禅师而建，原名永明禅院；南宋时改称净慈寺，并建造了五百罗汉堂。永明禅师在本章中会多次提及，他对杭州塔寺的建设有重要贡献。净慈寺是南宋评定的禅宗五山之一，几度重修，也得帝王多番推崇，所以香火始终鼎盛，文化底蕴也越来越深厚。

再有法喜寺、韬光寺、永福寺、香积寺等诸多名寺。五代十国时期，战乱频仍，江南之地相对稳定富庶，吴越武肃王钱镠立国杭州，御治东南，以"信佛顺天""保境安民"为国策，于是，寺、塔之建，倍于九国，宝塔幡幢似雨后春笋次第从地涌出，后世各代又有续建。

镇潮保民的六和塔

西湖区之江路有古塔，名六和塔。六和塔占地 890 平方米，塔外各层檐角挂有 104 只铁铃。塔平面呈八角形，外观 13 层，内部仍为 7 层，共高 59.89 米，是江南有数的高塔之一。塔身为砖砌，外檐为木构。塔身内有穿壁螺旋式阶梯，游人可以盘旋登塔，直到顶层。每层塔室内部有方形塔室，用斗拱承托天花藻井。天花藻井用两层叠涩牙子挑砌。在塔壁上雕刻着人物花卉、鸟兽虫鱼等各式花纹图案，栩栩如生。塔外的木檐回廊宽阔舒展，登塔的人可以从塔内走出，在外廊上周览江山景色。

六和塔现在是以古建筑的研究价值和观赏价值为世人所重，但它最开始的功能是镇潮。宋人潘阆有一首著名的《酒泉子》词，写的便是钱塘江大潮，词曰：

> 长忆观潮，满郭人争江上望。来疑沧海尽成空。万面鼓声中。　弄潮儿向涛头立。手把红旗旗不湿。别来几向梦中看。梦觉尚心寒。

潘阆以卖药为生时，曾流浪到杭州，亲眼见过钱塘江涨潮时的盛况，以至于后来多次梦到，于是成就了这首词。钱塘潮极具观赏性，但它带来的水患也给杭州居民造成了很大的困扰。

吴越国时期，钱氏掌管两浙。早在后梁开平四年（910），钱镠就组织民夫修筑捍海石塘，保护民田民居。虽如此，也难抵潮水汹涌，堤坝累修累毁，累毁累修。到了开宝三年（970），笃信佛法的吴越王钱俶便命智觉禅师在月轮峰上建塔镇潮。月轮峰位于西湖以南、九溪十八涧以东的钱塘江畔，月轮是形容山峰的形状，弯弯如缺月。

智觉禅师是吴越国时期的名僧，颇具传奇色彩。

他俗姓王，春秋七十二，受戒三十七年。年轻时在钱镠朝做过官，著有《万善同归集》《宗镜录》等。高丽国王看过他的书后，遣使赠送给他金线织成的袈裟和金澡罐等，澡罐是僧人用来盛盥漱用水的器皿。

据说智觉曾在天台山天柱峰坐禅，静坐九十天不动，以至雀鸟在他的衣褶上筑了巢，也因此才得以在德韶禅师门下修习佛法。智觉日常除了讲经说法之外，就是坐在瀑布前诵经参禅，冬无寒衣，整年只穿短衫。

"智觉禅师"是忠懿王钱俶敬重大师德行所赐的法号，人们又称他延寿大师或永明大师，永明的称号来自他修行的禅院——永明禅院，即净慈寺，这是钱俶为供养智觉禅师特建的禅院。

开宝二年（969）秋，钱塘江潮如期而至。涛头虎骇龙怒，呼啸而来，猛如山立，欻如电掣，瞬间冲垮民舍、冲坏田亩，老百姓哭声载道。吴越王命人以万箭齐射潮头，但终不能使潮水稍有退却。

老僧智广见百姓这般被水患所苦，便倡议修建佛塔以镇江潮。吴越国重佛教，更重民生。在智广提出此议后不久，就传到了国王钱俶耳中，于是召了智广进宫禀奏此事。

这日，智广整肃衣冠，奉旨进了宫，一路上说不尽那殿阁峥嵘、楼台壮丽。

和尚径直来到披香堂，已有小内官在堂外等候。见智广到来，躬身行礼道："大师来得早了，大王命人准备了素斋，叫大师先在此用些斋饭，随后小人带您到清华殿见驾。"

智广听了慌忙道谢，因问道："贫僧唐突了，只是不曾听说大王要赐斋，实在惶恐。久闻大王礼敬我佛，莫非这是惯例？"

小内官笑着说道："这倒不是，大王听得您为了镇钱塘潮在募资建塔，感念大师恩义辛苦，特赐斋饭，原是慰劳之意。大师安心享用就是了。"

智广听了，不胜荣幸。斋后，二人前往清华殿，国王命内侍秦勉赐座奉茶。

"建塔之事，孤听说后很是欣慰。大师一颗佛心，为民解忧，可为国人之楷模。"国王温言道。

智广欠身合掌道："我佛慈悲，普度众生，贫僧是佛门弟子，自当弘扬佛法、行善济世，怎敢受大王如此称赞。"

国王见他谦恭知礼，更添好感，又说道："听闻大师在寺里募金，只是建塔资费甚巨，恐怕靠募捐是不能够的。钱塘潮患给百姓带来了很大的困扰，孤也一直秉承先王之志，修筑石塘海堤，奈何水势凶猛，堤坝难挡。今日大师提议建塔镇潮，孤以为确实可行。有我佛宝塔镇压，想那潮神定不会再兴风作浪，苦我黎民。"

"大王说得是！贫僧也是作此念，才起意在寺里募金的，我国中香客广众，贫僧想着过上几年或能募化得费用。但少不得又叫两岸民众受许多艰难，因此心中为难。今日大王召见，贫僧斗胆恳请大王敕建宝塔，也好早日保我方百姓安宁。"

"这是利于百姓的好事，孤岂有不允之理！此举既然是大师所倡，建塔的重任就由大师一并担了吧。"

"贫僧德浅才薄，实难当此大任，既然大王说了，贫僧想推荐永明智觉禅师担当此任。禅师复兴灵隐寺，有筑建经验，又德高望重，堪配宝塔。若得智觉禅师修建，想来必是妥的。"

"甚好！就依你所请。孤派人去请了智觉禅师便是。"

智广行礼称谢毕，站在殿上欲言又止，国王看见了问他："大师有话，但讲无妨。"

"贫僧想拟'六和'二字为塔名，不知大王是否同意？"

"六和？"国王凝神思索了片刻。

"于众僧中修六和敬，得自在力，兴隆三宝，上弘佛道，下化众生。六和者：身和同住，口和无诤，意和同事，戒和同修，见和同解，利和同均。修此六和，匪敬弗得，故曰'修六和敬'。"吴越国王钱俶时常诵读佛经，对"六和"之意自然稔熟，他听智广说取此塔名，便念出了这几句。

"正是此意。六和敬，即大乘佛教所说的众生和敬法，指在身、口、意、戒、见、利六方面表现和敬。此塔名定为'六和塔'，便是取它'上弘佛法，下化众生'的好处。"

钱俶听了智广所言，对"六和塔"之名十分满意，当即钦定了此名。

秋季正是"黄葵开映露，红蓼遍沙汀"的好时节，吴越王索性便服出宫，一路赏玩西湖风景，然后径入永明禅院寻找智觉大师。

吴越王参拜佛祖后，着小沙弥请了智觉出来觐见。

智觉听闻国王驾到，忙赶到大雄宝殿迎接。

"不知大王要来，老衲有失迎迓。"智觉遂迎国王到偏殿安置。

"大师不必多礼，孤见今日秋气爽朗，就出来走走，观玩一番西湖风光，顺便有一件事想与大师商议。"

智觉亲捧一盏福鼎白茶给国王道："闽地有长溪县，县内有白茶山，所产茶与别的茶不同，自为一种。芽英不多，但制造精微，请大王先尝一尝。"

钱俶边喝茶边问道："大师怎不问问是何事？"

智觉笑着说道："前两日上智果院的智广师父来找了我，说向国王请旨修建宝塔以镇海潮，已然获准，想来大王今日便是为此事而来了。"

"哈哈，大师明见。智广老师父提出建塔镇潮，孤以为可行，今日来便是想请大师主持这场功业。只是，不知大师肯不肯？"

"大王言重了，老衲能为国为民略尽些力，也是我佛功德，岂有不肯之理。"智觉欠身言道。

钱俶闻言点了点头："塔名就定'六和'二字，大师以为如何？"

"'六和敬'乃众生和敬法：外同他善，称为和，内自谦卑，称为敬。菩萨与物共事，外则同物行善，内则常自谦卑，故称和敬。依老衲看，此名再好不过了。"

"另外是塔址的问题，龙山之南有月轮峰，峰上有孤的南果园，荒废已久，就以此为址建塔吧。"

"月轮峰在钱江水湾处，在此处建镇潮塔，甚好，甚好。"智觉点头称是，迟疑片刻后又说道，"老衲今年已六十有六，是老朽之身，恐怕不能独担重任。僧统赞宁在灵隐寺修行，不如老衲请了他来协理，一起为我国中百姓尽点心，共同监造这座'六和塔'。大王意下如何？"

"就依大师。现在已是仲秋，孤命工部先准备着，明年开春再动工。"

二人如此这般商议罢，到了第二年，即开宝三年春，智觉和赞宁两位高僧开始着手建塔，数年方才完工。塔有九级，高五十余丈。此塔不止作镇潮之用，还以塔灯为夜航船作导航的指南。

在敕建六和塔的同一年，又在塔的旁边兴建了寺庙，取名"六和寺"。六和寺秉承了中国早期寺庙建筑风格，即先有塔，后有寺。太平兴国五年（980），此寺改名为"开化寺"。

宋徽宗宣和三年（1121），六和塔及寺因兵火被毁，赤地无余。呜呼哀哉，数年功，数百万钱，一夕之间竟付之一炬！

六和塔毁后，潮水汹涌如故，捣毁堤坝、摧垮屋舍常在顷刻之间。此时已是南宋，宋高宗为此十分忧心。绍兴二十二年（1152），群臣便奏请重新修建六和塔。高宗同意了大臣们的请旨，下诏命有司筹划，原意是官府拨款，由都下守臣寻找合适人选主持这件事。

当时有僧人智昙，蔬食布衣，戒行精洁，道业坚固，可以担当这项大任。杭州通判陆时与便请了智昙到官衙，将高宗的旨意传达给他，智昙听了沉思半晌。陆通判以为他不愿承担这份重任，想着用言语打动他，便说道："这件事是为杭城百姓解忧制害，办成了是一场极大的功德。再者也是官家亲口下达的旨意，咱们为臣为民的自是不能推脱，只能尽心办成。"陆通判看智昙只是缓缓点头，凝眉深思而不语，便又说道："至于工费建材，一应由官府承办，皆不劳大师费心神。"

听到这里，智昙才开了口："贫僧所虑的，正是这项事宜。贫僧想募化建塔资费，免去官中这笔开支。"

陆大人听了，惊讶不已。要知道，这绝不是一个小数目。

智昙接着说道："自二帝北狩，都城南迁，国家始终不安。绍兴十一年以前连年征战，十一年后又岁岁纳贡，官中钱粮恐怕也不富裕。"说到此处，他停顿了片刻，而后又沉声说道："如今，北方失地未复，若有朝一日要兴兵北上，收复河山，军粮军费都得充足。所以，建塔的经费，贫僧想着如果能靠募化来筹集，就再好不过了。这既是善男信女们对佛祖的一点诚心，也是百姓自救之德。说起来，难是难的，但事在人为，凭着我佛的信众之广，相信此事必能办成。"

陆时与听了智昙的话后，站起身来，向智昙深深一揖，言道："大师此举功德无量，晚生佩服之至！"

陆时与随后将此事上呈知府，即日府衙下发了文书，命智昙主持开化寺，负责六和塔复建之事。

智昙被任命后，马上去拜访了大檀越和义郡王杨存中。

杨存中是南宋名将，本名沂中，他得知智昙来意后率先捐出了俸银。又有居士董仲永，将家中器用衣物都舍出来作为资费。可见，这件事从一开始就得到了积极的响应。

募集到部分资金后，智昙先造了僧侣寮舍、库房、做水陆道场的水陆堂、供奉佛像举行祝祷的藏殿，以便新来的人能有皈依祈求的地方。此事传开后，中原的佛教信徒都闻风而至，虽然山长水远，也荷担而来。一时间，其情形可谓是："千祥如雾集，万善若云臻。"

自从绍兴二十三年（1153）仲春鸠工庀材，到隆兴元年（1163）春，历经十一年，五层告成。同年年末，七级就绪，高数十丈。

塔体巍然立于风烟之上，外则规制壮丽、气象雄杰，每日有万众欢喜瞻仰；内则磴道以登，环壁刊着《金刚经》，列于上下，又塑有五十三善知识，备尽庄严。十一年间，用了人工约百万、缗钱约二十万。

元代诗人张翥有一首《登六和塔》诗，所写的正是智昙重修的六和塔：

> 江上浮屠快一登，望中烟岸是西兴。
> 日生沧海横流外，人立青冥最上层。
> 潮落远沙群下雁，树敲高壁独巢鹰。
> 百年等事繁华尽，怕听兴亡懒问僧。

《杭城西湖江干湖墅图》中的六和塔与开化院

乾隆《御览西湖胜景新增美景全图》中的六和塔和开化寺

在此功绩即将圆满时，智昙又请了节度使曹勋为塔作文以记述其事。塔中有南宋宰相汤思退等人汇写的《佛说四十二章经》，还有李公麟石刻的观音像，这些都使得六和塔成了杭城诸塔之冠。

明嘉靖年间（1522—1566），六和塔毁于大火。万历年间（1573—1620），云栖寺高僧袾宏重修。袾宏，俗姓沈，字佛慧，世称云栖大师，是"明代四大高僧"之一。

清雍正十三年（1735），杭州织造隆升奉旨支取内库银两重建了七层，并重修了塔寺开化寺。

19 世纪 20 年代的六和塔

　　乾隆十六年（1751）三月，皇帝乾隆第一次南巡到了杭州，登上六和塔，写了一篇《登开化寺六和塔记》，追忆了他的父亲雍正帝在十六年前重修此塔的往事。

　　光绪二十六年（1900），杭州人朱智捐资修筑钱塘江堤坝时，一并重修了六和塔。在当时尚存的砖结构塔身外添筑了十三层木结构外檐廊，其中偶数六层封闭，奇数七层分别与塔身相通。塔芯里面则以螺旋式阶梯从底层盘旋直达顶层，全塔形成"七明六暗"的格局。

　　从历史经历来看，六和塔底蕴丰厚，显示了杭州作为名都大郡受到的重视和推崇；从衍生出的文学作品来看，六和塔从建立之初到近代，有许多文人咏叹过它；从建筑艺术来看，六和塔庄严而又雄伟，由内而外，全方位展示了南宋时期高超的建筑技术与艺术水准，乃是中国建筑史上极为重要的实物资料，也是杭州文化的一张漂亮名片。

参考文献

1.〔北宋〕赞宁：《宋高僧传》，《大正藏》本。

2.〔南宋〕潜说友：《咸淳临安志》，文渊阁《四库全书》本。

3.〔明〕张岱撰，马兴荣点校：《陶庵梦忆 西湖梦寻》，上海古籍出版社，1982年。

4.〔明〕田汝成撰，商维浚重订：《西湖游览志》，明万历间刻本。

5.〔清〕陈璚修、王棻纂，屈映光续修、陆懋勋续纂，齐耀珊重修、吴庆坻重纂：《杭州府志》，民国十一年（1922）铅印本。

6.〔清〕嵇曾筠监修，沈翼机编纂：《浙江通志》，文渊阁《四库全书》本。

7.罗哲文：《中国古塔》，中国青年出版社，1985年。

雷峰塔为什么叫皇妃塔

雷峰塔，在西湖风景区内的夕照山上，雷峰夕照是西湖十景之一。现在新修的雷峰塔主体为平面八角形体仿唐宋楼阁式塔，各层盖铜瓦，转角处设铜斗拱，飞檐翘角，塔底为原雷峰塔遗址。

2002 年重建完成的雷峰塔在吴越时期老塔的原址上重新建造，内部空间充分体现了现代化功能要求，通过奇特的"塔中之塔"结构，最大限度地保护了雷峰塔遗址并沿袭了雷峰塔原有的风格。

塔底层台基用深红色坚硬山土夯筑而成，平面呈八角形。台基外围，包砌有石灰岩基石，石面雕刻须弥山海涛波纹、鱼龙等图案，象征"九山八海"。砖塔身是内外双套筒结构，内外套筒之间，有回廊，且套筒都用砖块实砌而成。

北宋文人毛滂《题雷峰塔南山小景》一诗中写道："孤塔昂昂据要会，湖光滟滟明岩扉。"点出了雷峰塔地据要址、塔身轩昂。北宋时的雷峰塔还是"皇妃塔"原塔。之所以这么说，是因为这座塔历经波折，几毁几建……

开宝四年（971），有人进献给吴越王钱俶一盒"佛螺髻发"舍利，这是非常贵重的佛教珍宝，所以国王决定修建一座舍利塔来供奉此宝，所造之塔即是后来的雷峰塔。

雷峰塔的建成耗时六年之久，中间又经历了不少波折。相对于普通舍利塔，这座塔对吴越国还有特殊的意义。

开宝五年（972）正月，刚过完元宵灯节，忠懿王百无聊赖，便坐在暖炉边翻阅起了《华严经》，这时内侍秦勉走了进来。

"禀告大王，孙妃差人送了两个拜垫过来，说是可以用来放置佛宝。"秦勉说着将拜垫拿给了忠懿王看。

这两张拜垫用的正是当时最为珍贵的越罗，国王看了说道："这小花罗是年前孤赏给孙妃的，本是让她做两件衣衫，天气暖和的时候游西湖穿。她竟在里面加了绢做成了拜垫，也算是虔诚敬佛了。"

"孙妃还说，她母舅陈大人听得大王要造塔奉安佛宝，很是高兴，竟连日叫人做了一条鎏金银腰带，记在陈公子的名下，说想供奉给佛祖，不知大王能否恩准。"

"呵呵，这陈老儿倒是会凑热闹。他这儿子原是老来得子，自然是百般爱护了，也罢，东西带来了没有？"

秦勉闻言道："在这呢。"说完让身边的小内官把腰带呈给了国王。

国王拿在手上翻来覆去地看了两遍，若有所思地说："孤记得孙妃以前给孤也做过这么一条，可别是拿错了？"

"是有这么一条，臣记得去年大王围猎时用过一次。"

"哟，不是这条，这上面铭着字呢，'弟子陈承裕敬舍身上要带入宝塔内'。"国王说着笑了，"既然这样，就把孤的那条也放进去。再有，把这条放进铁函里吧，满足陈老儿的心愿。"

"大王真是仁君！如此关爱臣下，实乃我国百姓之福！"秦勉躬身行礼说道。

两人正说着，只见有一小内官进来禀道："大王，永明大师已到殿外。"

"快请！"吴越王说道。

"孤今日得了佛发舍利，大师可有听闻？"见礼过后，国王问永明道。

"老衲有所耳闻，听得大王欲造新塔来奉安佛宝。"

"正是。如今我国河清海晏，也是多承佛祖庇佑，今既得此宝，实不敢私藏宫中，思来想去只有用佛塔来供奉它方妥，大师以为如何？"

永明大师微微颔首道："王有此敬佛之心，实是无量功德。"

"今日请大师进宫，是为了商讨佛宝安放事宜的，大师有什么建议没有？"

永明大师思忖片刻，合手施礼道："大王熟读佛典，八国瓜分舍利的事自然是熟知的。在佛祖涅槃二百年后，摩揭陀国孔雀王朝的第三代国王，叫阿育王的，早年嗜杀好战，求功立名。晚年却放下屠刀，笃信我佛，将八国所供养的佛舍利重新分配，并且造了八万四千个金银琉璃颇梨箧来盛放佛舍利，又造了八万四千个四宝瓶来盛放这些宝箧，最后又修了若干座舍利塔来盛放这些宝瓶……"

"大师真是孤的知音！孤也是想到阿育王造塔存舍利之事，便命人打造了阿育王塔，想来不久便可完成。"国王打断永明，接着说道。

永明也笑道："如此甚好！"

"只是塔址尚未选好，依大师所见，何处为佳？"

"塔址的选择颇为关键，且容老衲斟酌数日，再来回禀大王。"

国王点头继续说道："这塔既是存我佛舍利，孤想着须得兀立层霄、金碧璀璨，方是上好。依大师看，造成十三层、高千尺的阁楼式砖芯塔如何？"

"阿弥陀佛！能得这般，便是我佛门幸事了。只是如今我国已是千塔矗立，且今还有六和塔在建造中，再造新塔虽是功德无量之事，但过于奢华恐伤了民生，反为不美。"

吴越王沉吟道："大师所虑甚是！自我太祖立国至

今，信奉佛法，兴建水利，重视农事，方得以保境安民，平安至今。自孤继位后，也是励精图治，才有今日的国富民安，确实不可太过耗费民力……既如此，只造七层便罢了。"永明点头认同。

"这佛发舍利乃当世珍宝，孤今日建塔供奉它，既是对我佛的虔诚礼敬，也是祈愿我佛能庇佑子民安享太平，永无征战。"吴越王说着面露愁容。

当时天下的形势他们二人心中都有数，自从黄巢起义后，天下分崩离析，诸王各踞其国。虽然吴越国经济发达，百姓安定，但也难抵天下分久必合的大势。前不久，南唐的国主李煜就去除了唐的国号。所谓唇亡齿寒，吴越又能在强权一侧偏安多久呢？

一时之间，两人都没再说话。

静默了一会儿后，还是国王先开口："还有一事，自从建塔的消息传出去后，已有许多善男信女进了珍贵之物供奉佛祖，孤也准备了一些，想请大师并德韶、赞宁二位大师一起品鉴。"

"阿弥陀佛！既是如此，待老衲去请他们来。"

"还是孤着人去请为好，大师且先回宝刹暂待。"

说罢，永明便拜别回寺。

至晚间，国王到了孙妃太真的宫中，将这一干事宜悉数说给了孙妃听。

孙妃和钱王一样，信奉佛学，两人又是青梅竹马，所以感情十分深厚。孙太真的封号是"贤德顺穆夫人"。

太平兴国元年（976）三月，钱俶偕孙氏并其子钱惟濬入汴梁朝觐。宋太祖敕封孙氏为王妃，举行了隆重的封妃大典。当时正是阳春三月，北国风光分外明媚，久居江南的孙氏便鼓动国王出去游玩，紧接着又参加了封妃典礼，疲累过度，便一病不起。

回程途中不能及时医治，加上舟车颠簸，孙王妃回到吴越王宫时已然病体沉重，遍寻名医也未见成效，只挨了半年就病逝了。之后，宋太宗又追谥孙王妃为"皇妃"，而这个封号与雷峰塔有莫大渊源，此事暂且按下不表。

只说到了二月十五日，国王邀请德韶、永明、赞宁三位大师进宫赏宝。

"三位大师一起来啦，倒省了弟子多跑两趟了。"秦勉满脸笑意地说着。原来是吴越王派他到宫门口来迎接高僧。

"三位随弟子往佛堂走吧。"

"佛宝已放到佛堂了吗？"德韶问道。

秦勉笑了笑："今日却不单是为了赏宝，等会儿到了佛堂，三位自然知晓，这会儿弟子可不敢多嘴。"

说着已到了佛堂，却不进正殿，只往佛堂旁的耳房中来。

"国师辛苦！"钱俶向德韶合掌施礼，原来国王已在此处等候了。

钱俶以国主之尊会向德韶行礼，是有一段渊源的。在钱俶即位之前，因仰慕德韶是得道高僧，曾去拜访过他，见面后二人不仅共论佛法，还畅谈了一番军国大事。钱俶对德韶佩服不已，即位之后就封了他为吴越国国师，并事以师礼。

"佛门幸事，不敢言苦。"德韶笑着说。

国王又向三人说道："供奉之物基本都在这里了，三位大师请看。"

说着，众人走到了一座玉童子像旁边，童子双手托于腰际，站立在飘浮的云朵之上，衣衫随风飘逸，一副怡然自得、天真自信的神态。"这善财童子像倒是活泼得紧。"永明说道。

"这座佛祖说法像尤为华美精致。"赞宁说着指向一座鎏金释迦牟尼佛像。

他们细细看时，只见此像由上至下以背光、莲花座、龙柱、须弥座、方座组成。佛像后面的圆形项光与背光相连，身光的周边作镂空火焰状。佛像高髻，螺发，方圆脸，眉间有白毫，双耳垂肩，颈部刻三道蚕纹线条，身穿双领下垂大衣，衣纹疏朗，内衣为中间结带的僧祇支。佛像右手上举，施说法印，左手扶膝，结跏趺坐于双层莲瓣的莲花座上，莲花座下面有三爪龙盘绕的支撑柱及须弥座、长方形底座。果然是一件精妙的佳品。

这时，秦勉拿了茶进来："三位大师且别急着夸，好的还没拿出来呢。"说着笑嘻嘻地望向国王。

"你这多嘴的。"国王笑骂道，"让三位大师先看看，这些也是当世的能工巧匠耗费多日完成的，并不是那寻常俗物。"说着国王指向旁边摆放着的玉钱、玉观音像、鎏金铜毗沙门天王像、玉龟、玛瑙扁坠、双鸾葵花镜、海兽葡萄镜、瑞兽铭带镜等等珍品。

三人看了一番之后，说道："国王拿来供奉我佛的自然是顶好的了，只是若有更好的何不早点叫老衲们瞧瞧，也好开开眼界。"

"罢了，咱们且去佛堂吧，三位大师可知今日是什么日子吗？"国王问道。

"今日是二月十五，正是我佛涅槃之日。"

"正是，去年孤命人造了阿育王塔来放置我佛舍利，他们于半月前就造完呈了上来，想着今日是我佛涅槃之日，用来安放此物最是妥当，所以就请了三位今日进宫，一则赏宝，二则想请三位一并完成宝物安放，这样既恭敬又便宜。三位觉得如何？"

"阿弥陀佛！侍奉佛祖是我等的本分，大王思虑得甚是周全。"三人说道。

待到佛堂上，只见佛前供桌上果然放着一座阿育王塔。

这塔在外形上是单层束腰状，自下而上由基座、塔身、塔顶三部分组成。塔顶盖四角各耸立一朵蕉叶状山花，塔顶正中立着塔刹、相轮。每个部分由纯银捶揲成型，然后整体铆焊套接。塔身方形，四面镂刻佛本生故事，分别为摩诃萨埵太子舍身饲虎本生、月光王施宝

2001 年出土于雷峰塔地宫的阿育王塔

首本生、尸毗王割肉贸鸽本生、快目王舍眼本生。相传，佛祖在无忧树下诞生之后，苦心修炼，忍受了巨大的痛苦，付出了巨大的牺牲，终于在一株菩提树下顿悟成佛。这些佛本生故事就是讲述释迦牟尼前世的修行。

再看塔身，其外表鎏金，四角各有一只金翅鸟。最上层两边用忍冬，正中用兽面作装饰，从塔身镂空处可以看见里面有一个小小的金棺。金棺银塔就相当于金棺银椁，是瘗埋佛舍利的最高规格。

"这座阿育王塔如此贵重，堪配我佛真身舍利了。"德韶称赞道。

177

"如此，便有劳三位大师了。铁函呢？"国王转头问秦勉。

"铁函、银盒并其他供奉之物都在这儿了。"秦勉说着指向旁边的小内官们。原来已有几个内官捧着木盘，盘内各盛放着不同物品，在秦勉身后站了一排。

几人一番商议之后，由赞宁先将两条银垫铺放在铁函的底座上，银垫中间撒了几枚"开元通宝"；又将镂空鎏金银垫覆压其上。而方形委角铜镜安放在银垫上；铜镜上面放置了鎏金银盒，盒内盛放绿色小玻璃瓶一个。最后绕着银盒放了那条陈承裕的鎏金银腰带。

接着，德韶大师取出阿育王塔内部的金棺，将佛螺髻发舍利置于其中，又将金棺放回塔内。

再由永明大师把银盒盒盖倒置，将阿育王塔放在了盒盖上，盖上铁函盖。

其他如浴手焚香等事，自是不必多说了。

话说国王让永明选的新塔址，最后定在王城的西关之外，背靠南屏山，东临西湖，确是一处胜景。建塔之基在一个回峰上，后面有一座庵，为郡人雷氏所居，故名雷峰庵。

而在选址之前，国王就已经命尚书吴璆敏着手打造修塔所需的砖、瓦、石、造像等。塔砖主要有两类，一为建筑用的长方形实心砖，一为开有藏经之孔的藏经砖。在选定塔址、备好供器之后，新塔便于当年（开宝四年）四月初八佛祖诞生之日开工起建。

2000年在雷峰塔遗址出土的雷峰塔
藏经砖

　　修建之初，这座塔名为"西关砖塔"。"西关"言
其地址，"砖塔"言其塔芯。至于后来被叫作"黄皮塔""黄
妃塔""王妃塔"，皆是误传。但因为塔在雷峰之上，
后人也称之为雷峰塔。而这座塔建成之后真正的名字其
实是"皇妃塔"，这里的皇妃指的便是吴越王妃孙氏。

　　太平兴国元年（976）十一月，王妃孙氏薨，次年二
月，敕遣给事中程羽来赐王妃之赗。这日，国王在西湖
畔长乐亭宴请程羽。

　　席间，程羽自是对杭州盛景交口称赞："乐天诗云：
'湖上春来似画图。'今日来了一看才知他所言不虚。"

　　钱俶笑着说："既如此，程大人且多玩几天，吾国
境内有许多塔寺，颇为雄伟，孤叫秦勉带着程大人好好
观玩一番。"

“皇命在身，岂敢淹留，下官多谢国王盛情！”

钱俶点了点头，沉思了一会儿，试探着说道：“建隆元年，太祖封孤为天下兵马大元帅，孤虽无此才，也甚感殊荣。想当年，太祖感念孤的些许功劳，对孤说：‘尽我一世，尽你一世。’至今想起，孤心中也是十分感动。如今官家又追封皇妃，孤更是不胜感恩，唯有尽忠而已了。”说着看程羽是何反应。

太平兴国元年，宋太祖驾崩，新皇即位，想来不会像先帝那般愿保吴越国平安。此番派使臣前来，也只是敕封了王妃，并没有再续钱俶兵马大元帅之职，恐怕已经是不好的兆头了。焦虑之下，钱俶只好先从使臣处探探口风。程羽听得国王这般言论，如何不知其中深意。来之前，官家还亲自问过他关于吴越国的归服事宜，并且密令他查看钱俶的态度，看他是否有归宋之心。

“当今官家最是爱民的，王妃薨逝，身为人君，进行追谥也是应该的，国王不必如此客气，咱们大宋君臣和顺方是太平气象。”

听了这话，钱俶吃了一惊……

翌日，程羽北归，钱俶便召吴瑈敏进宫议事。

“塔建得怎么样了？佛经刻了多少了？”国王拿着封妃的诏书，站在奉天殿门口。吴瑈敏站在国王身后，君臣二人讨论着雷峰塔筑建事宜。

“回禀大王，塔身基本完成了，是八面五层楼阁式砖塔，用的是当下流行的套筒式回廊。现在主要是镌刻佛经的事还未完，如今刻了有三十卷了。”吴瑈敏回道。

"既然如此就先刻着，孤昨日写了篇跋文，你着人刻了碑，待塔成之后立在旁边。"

"遵旨。"吴璆敏施礼答道，"臣还有一事：如今塔成在即，不知大王欲拟何塔名？因塔在雷峰上，如今也有人唤它雷峰塔的，也有唤西关砖塔的，要定何名还请大王裁夺。"

"西关砖塔……西关砖塔……就叫'皇妃塔'吧。"钱俶声音低沉地说道。

"果然好名，以皇妃为名，既尊荣，又可见大王与王妃鹣鲽情深。"吴尚书应和道。

在一旁侍立的秦勉听了，连忙打断了吴尚书，这两件事都是国王的伤心事，这吴大人怎么这般没眼力？"今早做了鲈鱼脍，是昨儿小六子在鱼藻池钓上来的，正是新鲜肥美呢。大王想不想用一点？"

钱王听了点了点头，秦勉便拉了吴璆敏出去了。

"我说吴大人啊，如今是个什么形势，难道您还能不知道？怎么敢在国王面前提这些？得了，您随我去取跋文吧。"

这吴璆敏拿了跋文后，细细地读了起来，但见写着：

　　敬天修德，人所当行之，矧俶忝嗣丕图，承平兹久，虽未致全盛，可不上体祖宗、师仰瞿昙氏慈忍力所沾溉耶？凡于万几之暇，口不辍诵释氏之书，手不停披释氏之典者，盖有深旨焉。诸宫监尊礼佛螺髻发，犹佛生存，不敢私秘宫禁

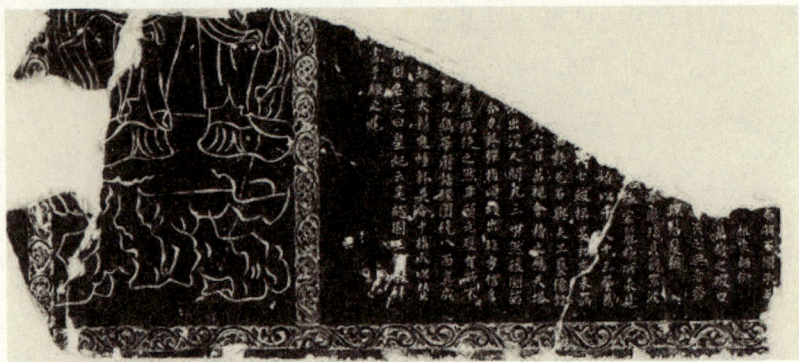

钱俶《华严经跋》残碑拓本

中，恭率琛贝，创窣波于西湖之浒，以奉安之。规橅宏丽，极所未见，极所未闻。官监宏愿之始，以千尺、十三层为率，爰以事力未充，姑从七级梯，旻初志未满为慊。计砖、灰、土、木、油钱，瓦石与夫工艺、像设金碧之严，通缗钱六百万。视会稽之应天塔，所谓许元度者，出没人间凡三世，然后圆满愿心，官监等合力，于弹指顷幻出珤坊，信多宝如来分身应现使之然耳，顾元度有所不逮。塔之成日，又镌《华严》诸经围绕八面，真成不思议劫数大精进幢。于是，合十指爪以赞叹之，塔曰"皇妃"云。吴越国王钱俶拜手谨书于经之尾。

钱俶在跋文一开始就交代：自己能当吴越国之王，多仗佛祖保佑，所以要修塔供奉原本私藏于自己宫中的佛螺髻发舍利。然后，钱俶形容了塔的整体观赏效果："规橅宏丽，极所未见，极所未闻。"简而言之，就是前所未有的宏伟富丽。接着，钱俶说了理想与现实的冲突，计划总赶不上变化：一开始打算建成八面、十三层、高千尺的楼阁式砖芯塔，后因财力不足，只建成了七层。砖、灰、土、木、油、瓦、石、造像、金碧材料，以及工艺，通共用钱六百万缗。塔成之日，塔壁八面全部镶嵌石刻《华严经》，使塔兼具经幢之功能。最后，又交代了塔名为"皇妃塔"。

这篇跋文是雷峰塔很重要的一篇跋文，对雷峰塔修建缘由、过程、资费、定名都有交代，且又是在吴越国境内造塔寺甚多的钱俶本人所写，所以格外珍贵。

吴璆敏看完跋文后，发现国王并未提及塔实际为五层的事情。这说起来还是开宝七年（974）的事，那年国王带着一位方姓堪舆家来看过塔的风水，当时并没有说什么，但后来宫里传来谕旨，说塔只建五层即可。

吴璆敏百思不得其解，便偷偷向秦勉打探缘由。原来是堪舆家说塔筑七层不利于国运，须得五层方能保吴越国国祚永昌。所以如今这成塔也只有五层，但跋文里写的还是七层，大约是国王觉得国运难续，也就不愿再提及此事了。

也就是在这之后的一年，即太平兴国三年（978）初，钱俶收到了大宋朝廷发来的旨意，邀他正月十五上元灯节赴京都赏灯。收到旨意后的钱俶什么都没有说，只是吩咐人照旧准备春祭。

到了祭礼这天，忠懿王对着先祖钱镠的陵庙哭得肝肠寸断，说他不能守祭祀又不能死社稷，惹得群臣个个号啕大哭，百姓闻之亦哀。果然，此去开封后，吴越国并入了大宋的疆土。自此，立国七十余年的吴越国宣告终结。皇妃塔经文的镌刻虽然尚未完成，但国亡主去，这也是无可如何的事了。

雷峰塔建成后，遭遇过两次大的破坏。时至今日，它真正保存下的遗迹其实只有砖筑的塔芯。

第一次灾难在北宋宣和二年（1120），方腊起义军攻陷了杭州城，雷峰塔和它所在的显严院都遭遇火劫，屋宇全部化为灰烬。好在大火仅毁坏了塔身的木结构部分，未殃及砖塔主体。南宋建炎（1127—1130）末，衙门想拆除塔砖用来修筑城墙，忽然有巨蟒从下面窜出，绕着塔基盘行，吓得他们只好作罢。后来又有军队用来放置铠甲，其时出现了许多怪象，主将怕出事，便将铠甲移出。不论这些怪事出于何故，总算是保住了雷峰塔的砖构塔身。

南宋乾道七年（1171），僧人智友发愿修塔，善男信女们踊跃施舍钱财，对雷峰塔及其塔院进行了历时二十多年的大规模修整，直至庆元元年（1195）才告完工。

南宋李嵩所绘《西湖图卷》中的雷峰塔

当时重檐飞栋、窗户洞达的塔楼与傍晚时分的落日熔金、暮云合璧相映生辉，成一绝景，便有了"雷峰夕照"的美誉。杭州本土画家李嵩名作《西湖图卷》里的雷峰塔，就是重修后的全新形象。

此次修整后，雷峰塔在西湖畔矗立了三百余年，直到明嘉靖年间。

当时倭寇之乱极为猖獗，倭寇入侵杭州后，白天在西湖周边搜刮民财、掳掠民众，晚上住在雷峰寺，时常歌舞达旦。

某天夜里，他们正在大肆嬉闹之时，塔中忽然发出轰鸣声，像乱叩闷钟的声音，又像是怪物吼叫。过了片刻，又听见塔上木头嘎吱作响，而且响声越来越急凑，越来越大。倭贼当场被吓得魂不附体。如此半个时辰，才渐渐止住。第二天起来一看，塔的一切还是原样，就像什么都没有发生过。

他们的头领便抓来两个当地百姓，叱问这座塔有什么古怪。这两人早就吓得肝胆俱裂，哆嗦着话也说不清楚。夹缠了半天，方听明白，原来是说塔中有蛇妖。倭贼听了皱着眉头绕塔走了几圈，突然停住，一把拔出尖刀，指向雷峰塔道："烧了！"

呜呼哀哉！这座规模宏丽、胜妙殊绝的圣塔就这样被贼寇付之一炬，实在令人痛心！最后，只留下残败的砖身部分，并以这个形象又存世四百余年，引来无数游人慨叹。而再重修新塔，已经是 21 世纪的事了。是以，富国强民、抵御外辱实在是任何时候都不可松懈的重任！

至于塔中蛇妖之事，是雷峰塔多年前就有的传说了。

雷峰塔塔芯

建炎年间窜出的巨蟒，则是白蛇妖的原型。

清末民初的时候，坊间又盛传雷峰塔砖具有利蚕、安胎、宜男、治病、辟邪等特殊功能，因而屡屡遭到偷拆盗挖；还有人从塔内抠寻经卷，企图发财。所以，当时一些有识之士在塔身四周砌了石墙进行维护。

摒除这些歪门邪说，雷峰塔遗迹真正的意义是什么呢？

首先，雷峰塔地宫的发掘填补了五代十国时期佛塔地宫考古的空白，为研究唐宋时期地宫及舍利瘗埋制度的演变、南北地宫形态结构的差异等问题提供了重要依据。

从雷峰塔地宫挖掘出来的 77 件（组）编号器物，是吴越王国鼎盛国貌的集中体现，为后世留下了罕见的历史证物和艺术珍品。其中鎏金纯银阿育王塔、鎏金铜释迦牟尼说法像、千秋万岁铭鎏金银盒、千秋万岁铭鎏金银垫、玉善财童子、鹦鹉纹鎏金银腰带、瑞兽铭带线刻铜镜、刻本《宝箧印经》均被定为国家一级文物，同时体现了吴越国金银器、玉器、铜器制作的较高工艺水平。在砖孔内发现的经卷证明了这塔修成的年代，也见证了千年的信仰传承，被视为是一件具有重大文物价值的中国佛教文化瑰宝。其中的玉童子像，在五代十国时期出土的玉器中极为罕见，被专家认为填补了这一时期古玉研究的空白，它也是我国目前发现年代最早的玉童子像。

而铁函的周围用来包裹铜钱的丝织品残片，对研究"丝绸之府"的形成非常有意义。因为浙江丝绸由于保存情况不好，出土非常少。这些残片正是当年闻名遐迩的吴越国丝织品"越罗"，在吴越时期这是献给中原朝廷最贵重的供品。

其次，雷峰塔砖芯使后人对五代时典型的平面八边形楼阁式套筒塔的形制及构建有了更直观的了解，而塔身尺度雄伟、构造杰出，具有极高的艺术价值和历史文化价值，是楼阁式塔形的一座名塔。

综上所述，雷峰塔是中国造塔历史上的一个艺术精品。

参考文献

1.〔南宋〕志磐：《佛祖统纪》，《大正藏》本。

2.〔南宋〕潜说友：《咸淳临安志》，文渊阁《四库全书》本。

3. 浙江省文物考古研究所：《杭州雷峰塔五代地宫发掘简报》，《文物》2002 年第 5 期。

4. 浙江省文物考古研究所：《雷峰遗珍》，文物出版社，2002 年。

古迹遗珍
HANG ZHOU

东南第一禅院——径山寺

余杭径山镇有径山寺。寺内有南宋孝宗的御碑，碑在含晖亭遗址上，正面有孝宗御书"径山兴圣万寿禅寺"八个正楷大字，四周绘刻龙纹；有明正统年间铸的铁佛，是明代冶铸工艺的上品；有永乐大钟、历代祖师名衔碑等。这些都是珍贵的文化遗产。

径山寺是座千年古刹，南宋时期更是东南禅院之首，地位尊崇。在中日禅茶文化交流史上，径山寺也发挥了非同一般的作用。

径山寺的建立与唐代高僧法钦有很深的渊源……

法钦，俗姓朱，吴郡（今江苏）人。祖辈都是显达儒生，却因高洁傲物而不愿出仕。据说他的母亲管氏在怀他的时候，梦见莲花生于庭院，便折了一支系在衣服上，睡醒之后就开始厌恶荤膻，直到法钦出生才恢复正常。

法钦自幼爱好佛事，立性温柔，又熟读经史，所以被乡里举荐，在二十八岁的时候前往长安应礼部贡举。从家乡昆山出发，一路北上，途径丹阳。当时丹阳有禅宗玄素大师，他是中国禅宗"牛头宗"的代表人物，在镇江鹤林寺修行，声名远播。

法钦到了镇江后，便去拜访了玄素大师。玄素默默地观识法钦许久，鉴出此人秉性迥异，于是对他说："我看你天性温和纯正，又具异禀，不需学习就能通知世间之理，若能出家，必能领悟佛法真谛。"

法钦本是具有慧根的灵性之人，听了禅师的话，悟识本心，就让玄素为他剃发，在鹤林寺随着玄素修习佛法，京师贡举之事也就此搁浅。

玄素曾对他的弟子法鉴说："此子他日能大兴我教，与人为师。"正如玄素所料，法钦在代宗时期为禅宗的传播起了积极的推动作用，其所创建的径山寺也在南宋时名扬四海，成为"五山十刹"之首，时人公认其为"东南第一禅院"。

且看法钦是如何与径山结缘的。

当年法钦在鹤林寺习得禅宗宗旨后，便辞了师父玄素向南游行。临行前，玄素告诉他一句话："汝乘流而行，遇径而止。"

法钦一路南行，到了杭州，看见东北的高峦满是苍松翠竹，颇为壮丽，应是天目山的分径。正在踟蹰之际，路过一位樵夫，法钦急驱向前，合掌问道："施主，贫僧问讯了，不知这座是什么山？"

樵夫笑着说道："这里是径山，师父从哪里来？"

法钦听到"径山"两个字，点头默然不语，原来师父玄素所说的"遇径而止"即是指的这个所在，便决定在此地驻锡结庵。

没有庙宇，法钦要在哪安身呢？

原来法钦见旁边有草盖着捕猎网，便直接坐了上去合掌诵经，神态自若。当时刚下过雨雪，山中也无烟火，寒冷异常，法钦却不以为意。

后来有猎户来此处取捕猎之网，看见这番景象惊异嗟叹，坐在一侧观看法钦半晌后竟然烧了捕网、折断弓箭，从此不再杀生。也是这位猎户，下山寻找了一些村民为法钦结了茅屋以供修行。

临海县令吴贞也舍了自己的别墅给法钦，资助他结庵立寺，当地人见县令这般抬举他，来找他参禅求学的人日益多了起来。

法钦在径山搭建的这座草庵后来便成了禅宗圣地——径山寺。

到了永泰年间（765—766），有个穿白衣的少年来到径山寺，求法钦为他剃度。这位少年即是后来赴长安竞法名声大噪的崇惠。崇惠，俗姓章，杭州人。传说他在幼年时就表现出了非凡的器量，当时有人用"鸷鸟难笼"形容他。

崇惠出家后，先是在临安昌化镇的最顶峰结茅为庵，专门诵读了几年《佛顶咒》；后又前往盐官硖石东山，在尖头小屋修习数年，之后便立誓言要在落云寺潜居避世。因为有神灵告诉他："和尚你熟读《佛顶》，少结莎诃，令密语不圆。如今京城佛法被外教凌轹，危如缀旒，正等着你解救呢！"

这说的是佛教日衰、道家兴盛的事。《佛顶》指《佛顶咒》，结莎诃、密语都是佛家语，意思是崇惠熟读佛典，却没有为佛教的发扬光大做贡献，让佛教被外教欺压。所谓神灵，自然是传说，但崇惠赴长安与道士斗法的事，确是属实。

大历初年，崇惠北上到达京师，在长安章敬寺挂锡。

唐代宗大历三年（768）九月二十三日，太清宫道士史华上奏，请旨要与释宗的当代名流角出佛力与道法的胜负。代宗崇尚空门，不喜道家，所以请了崇惠禅师与史华斗法。

竞法当日，史华在东明道观架刀为梯，踩着刀刃走了上去，如同在大道上行走一般。在场僧侣看了，相顾讶异，没人敢接受挑战。而崇惠呢，则在章敬寺院内的树上也架了锋利的刀刃，铦白如霜，比东明观的梯子还高百尺。刀梯搭好后，崇惠光着脚登了上去，到顶而止；然后又顺着之前的足迹走了下来，也像走在平地上一样。

不止如此，还有足蹈烈火、手探沸油、吃铁叶、嚼钉子等，也都能轻易为之。众道士见了吓得汗流不止，用衣袖掩着脸跑开了，史华自也惊讶不已，再也不敢妄言轻视释宗的话。

唐代宗特意派遣中贵人宣旨慰劳，嘉叹再三，且赐了紫衣，又赐号"护国三藏"。

没过多久，又诏命崇惠进宫问对。

唐代宗见崇惠神情肃穆，气度不凡，心中甚喜。

"大师师承何人？"代宗问道。

"臣的师父是径山寺法钦长老，臣尚未具戒，不敢受紫衣之赐。"崇惠答道。

"既然如此，我命黄凤持诏去径山寺请法钦禅师来京就是了。"代宗说道，"封赐之事暂且不论，大师既然斗法胜了道人，不如就在京中开坛讲法可好？"

崇惠应允，谁知当天刚举行完羯磨仪式，崇惠就在坛上隐身遁迹，众人都不知道他去了哪里，尽皆惊骇。代宗听说后，便尊崇惠为师。又写了诏书，命内侍黄凤持诏书前往杭州径山寺请法钦禅师赴京。诏曰：

> 朕闻江左有蕴道禅人，德性冰霜，净行林野。朕虚心瞻企，渴仰悬悬。国亦大庆，有感必通。愿和尚远降中天，尽朕归向，不违愿力，应物见形。今遣内侍黄凤宣旨，特到诏迎，速副朕心。春暄，师得安否？遣此不多及。敕令本州供送，凡到州县，开净院安置。官吏不许谒见，疲师心力。弟子不算多少，听其随侍。

从诏文看，代宗的态度十分谦恭，而且非常体贴周到。出发的时候敕令本州的官吏奉送；凡经过的州县，要求府衙开净院安置；又不许官吏谒见法钦，担心官员的拜访会使得法钦心力疲劳；而且让他想带多少弟子就带多少，听之任之。

待到了长安宫城，代宗亲行弟子礼，躬身问法，供奉勤谨。

一日，法钦在殿堂诵经，代宗进门后，他站起身来，代宗问他："大师何以起立？"法钦答曰："檀越何以在四威仪中见贫道？"四威仪是佛家语，意指修行之人要常存佛法正念，动静皆须合乎规矩，不失律仪。代宗这一问是说和尚是方外之人，帝王是尘世中人，和尚应该没有俗世心，何必要向尘世之中的帝王行礼。法钦这一答是说他行礼是修行之法，或立或坐无关尘世礼仪，所以他起身也并不是因为代宗是帝王。

代宗对法钦的回答感到很满意，后来赐法钦法号"国一禅师"。

法钦在长安待了一年，第二年就返回了杭州。

代宗敕令杭州府衙为法钦在原有佛庵上筑建径山寺，法钦则为开山祖师。

乾符六年（879），径山寺改名为"乾符镇国院"。改名的契机则是唐末国家的动荡不安。

乾符二年（875），王仙芝发动起义。乾符五年（878），黄巢响应。这些起义使大唐国力急剧衰退。在这样的背景下，将径山寺改名为"乾符镇国院"，就是希望它能镇压乾符之乱，保国安邦。但君主不励精图治，给寺院改名并不能挽救国家于危难，二十多年后唐王朝即宣告灭亡。

到了北宋大中祥符六年（1013），宋真宗改赐"承天禅院"。

宋徽宗政和七年（1117），改名为"径山能仁禅寺"。

南宋高宗绍兴七年（1137），右相张浚邀请大慧宗杲禅师主持径山能仁禅院。大慧宗杲是中国禅宗史上的一代大师，他到径山三年，寺中弟子达到一千七百人，道法大盛，冠绝天下，号称"径山中兴"。大慧宗杲执掌径山时，也吸引了一批士人，如右相汤思退、参政李炳、礼部侍郎张九成等，纷纷会聚径山，求禅问道。径山一脉在大慧宗杲的带领下，逐渐走上了儒释合流的道路。

大慧宗杲因与主战派的张九成等来往密切，被朝廷主和派以"谤讪朝廷"的罪名革除僧籍。直到绍兴二十六年（1156）才恢复僧籍，绍兴二十八年（1158）重新住持径山寺。修行之人和尘世凡俗都慕名而来，巉然径山与如织来人相互辉映，很快就重振了径山寺昔日风光。

当时显仁皇后在宁慈宫，高宗皇帝在德寿宫，都时常游幸径山，还建立了龙游阁于其上，高宗御书题额"宝光"。

南宋乾道二年（1166）二月，宋孝宗游历径山寺，这次游历又为径山寺增添了诸多荣耀：御书赐额"径山兴圣万寿禅寺"，悬挂在天王殿大门上；拨皇帝的私产修建千佛阁；又赐以孝宗亲自注释的《圆觉经解》给主持宝印。从此，径山寺闻名海内外，天下丛林拱称第一，其盛极矣！

庆元三年（1197），蒙庵元聪奉旨住持径山寺。元聪，字蒙叟，号蒙庵，赐号"佛智"，福州长乐人。俗姓朱，十九岁时剃度出家。

庆元五年（1199）冬十一月，径山寺失火，在大风的加持下精庐佛宇皆为灰烬。时人都以为积累了四百年的基业要毁于一旦，不能再复兴。

其实，径山寺原本就有诸多问题：先是寺基在五峰之间，颇受局限；又是数百年来多次累建的成果，规模并非出自一人之手，所以形制比较杂乱；且屋宇众多，高下奢侈，各随其时，以致寺内众建筑妍媸不一。

众人不愿看着身负如此荣光的径山寺就这样覆灭不存，所以合力向住持元聪提出请求："大慧禅师在世时，没有将寺庙撤去重建，是形势不许，并非不想。现在火起龙堂，莫不是龙神想要焕然一新而刻意为之呢？况且祖师神像被火焚烧而不毁，开山草庵四面焦灼而茅草不着，岂非祖师护佑？师父与祖师都是朱姓，或许正是他的来世之身。由此看来，今日寺庙暂时化作灰烬很有可能是祖师想要让我寺重新整饬，更添辉煌。"

元聪听从了众人的意见，率领学徒元韶、可达等进行缘化。宫里得知后，赍赐相助，其他施主也闻风而动，一日就筹集缗钱上万。元聪又命南悟等人去闽浙等地招募良工，在山上砍伐木材，也能一日募得上千劳力，砍伐之声，震彻山谷。

工程始于庆元六年（1200）春天，成于嘉泰元年（1201）夏天，历时十多个月，一变瓦砾之区为大宝坊。寺内有龙王殿、香积厨、普光明殿、五凤楼、安放洪钟的百尺楼等等，难以尽书。兼有佛像雄尊，金碧灿灿，法器之类，无不备妥。新寺雄壮杰特，云栋雪脊，迥出烟霏，整体远超旧寺。

从此，来参拜瞻仰之人较以往更多，惊喜踊跃，如见幻城，称从未见过这般壮丽巍峨的庙宇。径山由是再度大盛。

元聪禅师派遣僧人契日带着书信去找楼钥作文记述

无准师范像

重修径山寺事宜。楼钥是浙江宁波人，嘉定年间官至参知政事，位同副相。径山寺重建时他告老居家，正好在宁波，便应元聪所请，写了一篇《重建径山兴圣万寿禅寺碑记》。

说到径山寺，有一个人不得不提，他就是无准师范。

无准师范，四川梓潼人，俗姓雍，名师范，号无准，赐号佛鉴。撰写有《佛鉴录》，并留有不少诗歌和手书真迹，为研究他的思想和书法提供了实物资料。绍定五年（1232），他奉旨住持径山寺，直到淳祐九年（1249）示寂，在径山共修行了十七年。

无准门下人才辈出，其法嗣有兀庵普宁、断桥妙伦、诗僧道璨、禅画僧牧溪法常等；还有诸多日本僧人，皆慕名而来参拜无准，求学佛法，例如圆尔辨圆、性才法心、随乘房湛慧等。无准的法嗣中有一位在中日禅宗交流史上非常重要，即是在日本被敕封为"圣一国师"的日僧圆尔辨圆。

圆尔，生于建仁二年（1202），自幼年起即入佛门，研习天台教。后来有志于求取禅宗正果，便于宋理宗端平二年（1235）和荣尊和尚一起，从平户港出发，经过十天十夜的海上颠簸，到达大宋。因听闻"天下第一等宗师只无准师范耳"，所以上径山参拜无准。无准对这位不远千里、立志求禅的弟子颇为赏识，将其留在身边，亲授佛法。

在元聪复建径山寺后，只过了三十五年，径山又遇火灾。这次是住持无准肩负起了复兴重任，一念才起，诸天响应。皇家颁赏甚多，公卿士大夫也施舍丰厚，善男信女们更是主动出钱出力。饶是如此，也耗时三年才告成。

嘉熙元年（1237）夏天，宝章阁学士吴泳来到径山参观新建成的径山寺，适逢无准六十之寿。

无准亲自在茶寮中点茶招待吴泳，弟子圆尔陪侍。

"这是径山茶吧？"吴泳问道。

"正是，此茶要在谷雨前采摘，原是祖师种植，用以供奉佛祖的。"

"密庵禅师有诗曰：'一汤一茶功德香，普令信者从兹入。'这以茶入禅的法门，我如今还不能体悟。今日上山，见寺内堂殿阁廊，靡不毕具，最是龙游阁，画拱螭头，承云纳日，非比寻常。我曾闻'瓦石击竹无非道，山桃开花无非禅，地上木、庭前柏无非佛'，何曾有宫殿楼阁的华丽呢？"

无准说道："非也。了性者，真幻皆性；证实者，权假皆实。一大宝藏，半说庄严；一部《华严》，只言现量。于密室可以识无漏，于镜壁可以见因果，于广大楼阁可以观三生。立一枯木为像，可以起人敬心；拈一团泥涂地，可以使人不堕恶趣。茎草建刹，具足大智；聚沙为塔，皆成佛道。"

吴泳接着说道："道有，则一尘不立；道无，则一法不舍。于真空而不着顽空，于妄有而转归妙有，信圆而不偏，念、活而无弊，合体性容貌为一源，差不多就是道吧。"

无准听了，并未直接回答，转而言道："我今日有一事与你商议。普乐院失火，永邦复兴，张无尽作文记其事；圆通寺被焚，师序复建，周益公作文记之；己未之厄，元聪也求记于楼学士。如今径山复建，你何不为我作文以记？""己未之厄"说的便是庆元五年的径山火灾。

吴泳点头笑道："某虽不才，但禅师开了口，却也不敢推辞。听闻前年禅师入宫说法，获赐金襴袈裟，这番尊荣非同小可啊！"

"今上累次颁赐金币，又赐以御书、金襴法衣和佛鉴师号，这也是我自入佛门以来从未有过的事了。"无准不无自豪地说道。

圆尔见状说："师父今年正是花甲之年，弟子请人为师父作了一幅顶相寿图，权作贺寿之意。"

无准听了颇为高兴，说道："你学海浩渺，他日归本国，必能于无滴水处横起波澜，发挥吾道。"

　　圆尔能将临济禅宗发扬到日本也是无准的心愿，这从他后来在顶相图上题的跋文亦可知，跋文曰："大宋国，日本国，天无垠，地无极。一句定千卷，有谁分曲直。惊起南山白额虫，浩浩清风生羽翼。"

　　圆尔也不负他所望，归国后促进了临济宗在日本的确立。日本禅门的繁昌，也是自圆尔始。而这幅顶相图作为圆尔在中国嗣法正宗的凭证备受推崇，获得了长达四百年的辉煌。

　　圆尔带回日本的不只是佛法，还有径山的《禅院清规》、径山茶种、径山茶食等，这些皆是日本茶道的滥觞。

　　径山寺在南宋达到了巅峰，多代住持都是名僧，又与皇家来往密切，和公卿士大夫也多有交集，僧人一度达到千人以上，规模宏大，殿宇辉煌，这也与南宋定都杭州密不可分。

参考文献

1.〔北宋〕赞宁等撰：《宋高僧传》，《大正藏》本。

2.〔南宋〕卫泾：《后乐集》，文渊阁《四库全书》本。

3.〔清〕嵇曾筠监修，沈翼机编纂：《浙江通志》，文渊阁《四库全书》本。

4.〔清〕纪荫编纂：《宗统编年》，《续藏经》本。

5.〔日〕卍山道白语，门人湛堂编：《卍山禅师住东林寺语录》，《大正藏》本。

6.高昕丹：《凭证与象征——〈无准师范图〉研究》，《新美术》1996 年第 1 期。

杭州风迹

HANG ZHOU

第五章

雕与刻：万众瞩目的石刻艺术

　　历史是个任人打扮的小姑娘，尤其在照相留影之术还未发明的、主要靠书本传播信息的古代。例如，关于雷峰塔的原名，究竟是"黄妃塔"，"王妃塔"，还是"皇妃塔"？不但群书之间各取所需，自说自话，教读者无所适从，而且就在同一部书中，也往往前后不一，自相矛盾。就拿著名的《咸淳临安志》来说，卷七十八记作"皇妃"，卷八十二却记作"黄妃"，《西湖志纂》卷四引《咸淳临安志》又记作"王妃"。孰是孰非，没人敢拍着胸脯保证。若不是后来钱俶撰写的《华严经跋》残碑被考古发掘出来，这个塔名或许永远都确定不下来。

　　为什么后世书上记载的历史，与当时碑上记载的历史，会出现这种抵牾呢？宋代金石学家赵明诚认为："盖史牒出于后人之手，不能无失，而刻词当时所立，可信不疑。"于是，当一段历史还是未解之谜的时候，科学考古和出土文献就显得尤为重要。换言之，对于像杭州这样一个文明历史悠久、文化底蕴深厚的城市，如果仅仅靠查阅古籍来还原它的过往，显然是非常无力、非常片面的，有时甚至是非常错误的。因此，不但要"取地下之实物与纸上之遗文互相释证"，而且还要取地上之实物与纸上之遗文互相释证。

纸上之遗文说，杭州曾经"地号东南佛国"。今天，我们不但可取地下之实物如钱俶《华严经跋》残碑、雷峰塔藏经砖等加以证实，还可取地上之实物如飞来峰造像、余杭南山造像、石龙洞石窟造像、石佛院造像等加以佐证。

佛家讲究"以像设教"，凡有佛像树立的地方就代表佛法之永在，正所谓："存像存教，以劝其善。"然而在现代社会之中，佛像劝善的功能已越来越被弱化，人们更多地、更乐意地将这些古代造像视为文物或文艺作品来观赏。譬如飞来峰龙泓洞口的高僧取经浮雕，很多游客见了马上便会联想到《西游记》的相关场景，个别游客则会联想到甘肃张掖大佛寺里穿锦襕袈裟的唐僧像及早于《西游记》的西游故事壁画。

当年，一代文宗张岱因恨杨琏真加而砸毁相关造像，闻者莫不称快，但放在今天，这种行为就是故意损毁文物罪，触犯了国家刑法。时过境迁，不管当初出资雕造这些石像的人是善是恶，其目的是好是坏，如今看来，都不过是古代工匠（大多数是无名的）的心血之遗存。它们不但见证了历史，自身也成为历史的一部分，犹如吉光片羽，除了去珍视、去了解、去保护，我们别无选择。因为，历史不容选择！

佛窟造像之外，众多的摩崖题刻、碑碣墓志也是杭州历史有机的组成部分。题刻类的有万松书院、大麦岭、弥陀寺、严子陵钓台等处摩崖，碑碣类的有杭州碑林（孔庙）碑刻及新出土的墓志等。

位于凤凰山的万松书院，明代理学家王阳明曾在此讲学。清康熙帝为书院题写"浙水敷文"匾额，遂改称为敷文书院。现遗址尚存有"万世师表"四字的牌坊一座和依稀可见"至圣先师孔子像"的石碑等物。该书院曾是明清时期杭州四大书院之一、浙江最高学府，更因梁山伯、祝英台在此读书的美丽传说而闻名。

此处的石刻或书艺精湛、凿刻细腻，或体量巨大、气势恢宏，或富于天然意趣……二十余处摩崖石刻风格迥异，为秀美的自然风光又增添了一番韵味。

孔庙内也有碑林，共含碑、帖、墓志等五百多件，荟萃了自五代到清代的历代名家手迹的石刻，包括帝王御笔、地方史料、名家法帖、人物刻像、水利图刻和儒学文献、宗教文献、墓志等，具有较高的历史、科学、艺术价值。

位于杭州体育场路松木场一带的弥陀寺，曾经是杭州四大佛教寺院之一。清光绪四年（1878），妙然法师云游至此，见到松木场小霍山石岩高峻、山体玲珑，就买下这里，又请人在石壁上凿刻《佛说阿弥陀经》，崖前筑寺，由此才有了弥陀寺。妙然法师请来书写整篇经文的是桐乡人沈善登。沈善登"斋沐敬书"，足足写了五十三天。

杭州的这些造像石刻，一笔一画，一撇一捺，都默默地诉说着杭州这个地上天堂的美丽与华贵、沧桑与陵谷。

"白石皆成佛"的飞来峰

飞来山上千寻塔，闻说鸡鸣见日升。
不畏浮云遮望眼，只缘身在最高层。

相传这是王安石在皇祐二年（1050）登飞来峰时所作的一首诗。该诗通过飞来峰风景抒写诗人的抱负，极富哲理。暂且不论诗人胸怀，单其中提及的飞来峰景致和诗本身的盛名就在后世为飞来峰增色不少。

飞来峰这个名字来得很有趣。据记载，咸和元年（326），印度僧人慧理登上了杭州的一座山，此山高不过数十丈，山上怪石森立，青苍玉削，秋水暮烟也难掩其色。慧理和尚惊叹道："这是天竺国灵鹫山的一个小岭，不知是何年飞来此处的？"这座山由此唤作了飞来峰，也叫灵鹫峰，慧理和尚遂在此处挂锡，造了灵鹫寺。

飞来峰位于杭州西湖风景区内，曾和灵隐山一起被称为"武林山"。自从慧理和尚在此结庵修行之后，以为这里是仙灵居住的地方，所以又有了"灵隐"之名。

慧理和尚曾在飞来峰养了两只猿，一黑一白。每到月夜，慧理就在灵隐寺长啸，二猿则在山中隔岫应和，声音清澈，所以飞来峰有洞名为"呼猿洞"。而除了慧理和尚外的其他人则不能使猿隔山呼应，一如陈洪绶所说："为此后来人，十呼十不应。"

飞来峰高200多米，棱层剔透，嵌空玲珑。相传过去有七十二洞府，但多数已经被时间湮没，现存的有龙泓洞、玉乳洞、金光洞等，洞内遍布造像石刻。这些造像始于吴越钱王时期，比如金光洞内岩壁上小龛中所雕的弥勒、观音、大势至三尊坐像，便是后周广顺元年（951）四月刻的，功德主叫滕绍宗，是飞来峰上有铭文的最早造像。但飞来峰大部分雕像还是宋元两代所刻。

在飞来峰众多造像中，最为我们所熟知的浮雕故事是高僧取经，刻在靠近春淙亭和理公塔的龙泓洞内。关于龙泓洞，也有许多传说。

先是葛仙翁之事。葛仙翁，原名葛洪，著有《抱朴子》。再是关于龙泓洞又叫通天洞的缘由。俗传石洞底部可以通到浙东，采乳石的人进去后能够听到江涛的声音和嘈杂的橹声。还有人说，从洞旁曾出土出过十八尊罗汉像……

在诸多故事中，最有趣的一则是丁飞耕读之事。唐咸通年间（860—874），有名为丁飞，字翰之的高士在洞中读书，自己采药、耕田，生活自足。他在七十二岁高龄时，仍然能拎着水桶和大斧在山上奔走如飞。每逢月夜，丁翰之便登上山岩弹琴，流水淙淙为他协奏，再佐以天籁凄冷，往往能够引得鸾鹤聚集，伴着乐声在月下同飞共舞，奇妙无比。

故事真假暂且不论，可考的是洞内的题刻和浮雕。此洞内石壁上有蒋之奇的篆书和贾似道、廖莹中等宋人的题名。

而洞口左下方的两组浮雕则是白马驮经和前文提到的高僧取经。

永平年间（58—75），汉明帝派遣中郎将蔡愔、博士王遵等十八人前往西域，求取佛法。在大月氏国遇到了摄摩腾、竺法兰二位梵僧，二人带有释迦像、舍利及经卷等物。蔡愔等人就用白马将这些佛教物什驮回中国，并邀请二梵僧到洛阳驻锡，汉明帝十分高兴，敕令造寺，便有了中国第一古刹——白马寺。

这就是白马驮经的故事，也是这组浮雕的原型。洞口依岩壁而立的两位僧人，就是摄摩腾和竺法兰，他们全是印度装束，旁边已经残损的马像应该就是驮经的白马。

至于高僧取经的事，相似的故事已通过小说《西游记》广为人知。浮雕中取经的高僧与玄奘一样，远涉

摄摩腾和竺法兰浮雕

龙泓洞玄奘浮雕

多国，冬寒夏暑，这一路上的艰难险阻、九死一生如出一辙。有记载说，玄奘过葱岭时，山高雪厚，寒冷入骨，他悬釜而饮，席冰而睡，走了七天才出山，可见当年求取佛经的艰辛。

飞来峰龙泓洞口的高僧取经浮雕，最前面的是那位高僧。他身后还有两匹马，一匹驮经，一匹背负莲座，旁边有残存的牵马人，他们正跋涉在陡峻的山路上。

白马驮经和高僧取经两组浮雕，结构完整，形象逼真，从风格上判断属于宋代。

同属宋代的雕刻还有盘坐在巉岩石壁间的一尊大佛——弥勒佛像。

弥勒佛是世尊释迦牟尼佛的继任者，也叫未来佛。

飞来峰弥勒造像则是以布袋和尚为原型雕刻的，所以又称"布袋弥勒"。

布袋和尚，宁波奉化人，自称契此，体形肥胖，皱眉苦脸，大腹便便，常常用禅杖挑着一只布袋，生活所需的物品都装在布袋里。他每入尘世，见东西就化，醯酱鱼菹无不入口，又分少许放入布袋，因此唤作布袋和尚。

后梁贞明三年（917）三月，布袋和尚在岳林寺即将寂灭，他在东廊下端坐如磐石，口内念道："弥勒真弥勒，分身千百亿。时时示时人，时人俱不识。"念完，安然而化。之后又在其他州市出现，还是背着布袋行走，四众见了争相画他的像来供奉。

正是由于他临终的偈语和寂灭后复现的事，后世许多弥勒像才以布袋和尚为原型。

高僧取经浮雕

飞来峰弥勒造像

　　飞来峰弥勒造像的艺术特点是逗人喜乐，他的喜笑
颜开给观赏者带来的不只是艺术享受，还有愉悦的心情。
这样的弥勒形象，栩栩如生，烟火气十足，这让来参拜
的信徒感到亲切，不像以前的佛像那么神秘。看到布袋
弥勒笑逐颜开的形象，来人就能暂时忘记自身的痛苦，
寺庙的香火也变得更加鼎盛。

　　于是各座寺院争相模仿，在寺里塑起他的像来了，
从奉化到杭州，再到全国各地，甚至传到了日本。在日本，
布袋弥勒被奉为"七福神"之一。

　　飞来峰的众多佛家造像中，有题记可查的，以元代
为魁首。元代著名画家王冕用两句诗来形容飞来峰的佛
家造像之多："白石皆成佛，苍头半是僧。"

元代有这么多佛像的原因，跟当时的社会状况有很大关系。

元世祖至元十四年（1277），杨琏真加任江南释教都总统，掌管江南佛教事务。他挖掘杭州、绍兴等处的坟墓一百座以上，包括南宋帝陵、公卿大夫墓葬等，把盗来的陪葬品用作修建寺庙的资金。

在南宋宫殿一节，我们讲到杨琏真加在宋宫故址上建过五寺一塔，并奉诏以水陆地五十顷作为这些寺庙的费用，而这仅是江南佛寺繁复的一角。据记载，在至元二十三年（1286）前后，杨琏真加就恢复佛寺三十余所，寺院所占田户五十万家，所做佛事、水陆道场更是不计其数。更有改宫观为寺，削道士为髡，不愿为僧的道士须得娶妻还俗等等做法。

元王朝时期，原南宋统治下的南方百姓被划分为第四等南人，生活在最底层，他们需要把精神寄托在宗教上，以此来麻痹苦难的人生，这也让佛寺的发展更加兴盛。

元代的飞来峰造像便是这种社会状况下的产物。

袁宏道说："飞来峰壁间佛像，皆是杨髡所为。如美女面上瘢痕，奇丑可厌。""髡"是秃头的意思，"杨髡"即是杨琏真加。杨琏真加在命人创造这些雕像时，将罗汉像都按自己的样貌雕刻，让来人供奉膜拜。从袁宏道的措辞语气中，也可以感受到时人对杨琏真加主持镌刻的这些造像有多反感，这也给后来雕像被毁埋下了隐患。

在飞来峰冷泉亭后面，有一尊坐像，作吉祥坐，施弥陀手印。造像下方刻有一篇题赞，名为《大元国杭州佛国山石像赞》，其文曰：

永福杨总统，江淮驰重望。于灵鹫山中，向飞来峰上。凿破苍崖石，现出黄金像。佛名无量寿，佛身含万象。无量亦无边，一切人瞻仰。树此功德幢，无能为比况。入此大施门，喜有大丞相。省府众名官，相继来称赏。其一佛二佛，悉起模画样。花木四时春，可以作供养。猿鸟四时啼，可以作回向。日月无尽灯，烟云无尽藏。华雨而纷纷，国风而荡荡。愿祝圣明君，与佛无寿量。为法界众生，尽除烦恼障。我作如是说，此语即非妄。

至元二十六年重阳日　住灵隐虎岩净伏谨述　大都海云易庵子安书丹　武林钱永昌刊

这尊造像及题记，是由净伏和尚出面，专为杨琏真加歌功颂德的，这在古代造像题记中非常少见，因为通常的题记都是写出资人在某年某月舍财造了什么像。赞开头的"永福"是杭州的一座寺院，"杨总统"就是杨琏真加，净伏和尚吹捧他德高望重，驰誉江淮之间，完全是阿谀奉承之词。说灵鹫山上的神灵，随着山峰从天竺飞来，凿破山岩，现出了黄金像。其实山上的佛像都是工匠们的艺术创作，并不是什么神灵的显现。赞词上讲的"佛名无量寿"即是阿弥陀佛，它是西方极乐世界的教主。

看了这篇题记，一些不明真相的人，可能会被迷惑，误以为这位杨总统是一位虔心诚意、功德无量的高僧。实际上，翻开历史，看看他在江南的种种劣迹，就可以知道他的真实面貌了。

杨琏真加曾因盗用官物，于至元二十八年（1291）被朝廷追究，次年三月赦免。或许因为这个关系，在被赦免后，他在呼猿洞雕造了弥陀、观音、大势至这"西

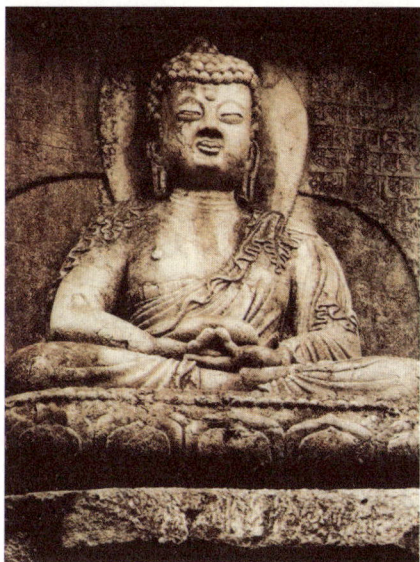

飞来峰无量寿佛像，其下
有净伏所题造像赞

方三圣"像，还刻了一篇长长的题记："端为祝延皇帝圣寿万岁，阔阔真妃寿龄绵远……文武百官常居禄位，祈保自身世寿延长，福基永固，子孙昌盛，如意吉祥。"

题记祝延皇帝皇妃福寿绵长，祝福百官官运亨通，也祈求保佑自己吉祥如意。

飞来峰有类似祝词的佛像不少，都是佛教信徒舍钱打造的。前文提到的后周造像，题刻写的是："常山清信弟子滕绍宗□□，右绍宗敬舍净财，于石室内镌造弥陀□尊观音势至。伏为自身，恐有多劫冤愆，今生故误。伏愿□不□之胜因，涤累劫之债滥。"

"常山"是地名，说明功德主是常山人。"清信弟子"，按照佛教的说法，就是受了"三皈五戒"、得清净心的人，即指虔诚的佛教徒。功德主舍"净财"，刻这几尊像，是为了洗净"累劫之债滥"。

215

金光洞内有一幅北宋的卢舍那佛会浮雕，是飞来峰宋代造像中最精致的作品。龛内有十七尊像，中间为卢舍那佛，即报身佛，表示证得了绝对真理、获得佛果而显示佛智的佛身，"卢舍那"的意思就是智慧广大、光明普照。

这块浮雕的右侧有题记一方，文为："弟子胡承德，伏为四恩三有，命石工镌卢舍那佛会一十七身，所期来往观瞻，同生净土，时大宋乾兴□□四月日记。"缺字应该是"元年"，因为乾兴这个年号只用了一年。

金光洞口还有一尊观音像，也是北宋乾兴元年（1022）雕造的，功德主是陆庆和妻子李一娘，座子式样和卢舍那佛的大致相同。

时移世易，元朝灭亡后，这些由杨琏真加打造或为他打造的造像就遭了殃。

明嘉靖二十二年（1543），杭州知府陈仕贤因为痛恨杨琏真加，率先敲毁石像，还请钱塘学者田汝成写了一篇《诛髡贼碑》，其中说："西湖之飞来峰，有石人三，元之总浮屠杨琏真加、闽僧闻、剡僧泽像也，盖其生时所自刻画者。"

飞来峰当年有杨琏真加、闽僧闻、剡僧泽三人依据自己的画像雕刻的佛像，陈仕贤见了这些像，非常气愤，叱骂道："髡贼！髡贼！胡为遗恶迹以蔑我名山哉？""髡贼"就是秃贼，陈知州认为这些雕像玷污了飞来峰，所以决定"诛"之。

朱国祯的《涌幢小品》也记述了这件事："杨琏真加等三髡，图诸佛像，以己像杂之……嘉靖二十二年十二月，杭州知府陈仕贤，击下三髡像，枭之三日，弃于圂。"

陈知府凿毁三座佛像，还砍下它们的头颅，悬挂示众三日，然后丢弃到了猪圈。这是把佛像当作杨琏真加等三人处置的。

除了当地官员，还有曾住在这里的学子参与了这项活动。

天启四年（1624），史学家张岱和好友画家陈洪绶等人在杭州岣嵝山房读书，每读罢书，张岱总会去冷泉亭、飞来峰等处散步。

一日，在飞来峰沿着溪水观览佛像，想到这些佛像多由杨髡所为，张岱义愤填膺，忍不住骂了几句。又有一次，他看见一座罗汉坐像，旁边有四五个裸身献果的侍女，细读旁边的碑记，果然是杨琏真加的雕像。张岱恨他祸害江南百姓，挖掘南宋帝陵，所以用椎击落了雕像的头部，打碎了献果的侍女，还在砸碎的石像上撒尿。张岱后来在他的作品里不止一次提到此事，可见他对此颇为自豪。

在冷泉亭的后面，有一龛密理瓦巴像，旁边有两个献物的侍女，头部均毁，可能就是被张岱敲掉的。

陈洪绶也作有一首《呼猿洞诗》，诗曰："痛恨遇真伽，斧斤残怪石。山亦悔飞来，与猿相对泣。"因为痛恨杨和尚，陈洪绶就用"斧斤残怪石"，这个怪石说的是以杨髡为像的佛像。虽然杨僧可恨，但雕像都是雕刻工匠们艰辛劳作的艺术成果，他们经年累月攀爬在悬崖峭壁上，一刀一刀凿下石屑，刻成精美佛像。尽管这些雕刻作品都是刀法洗练、线条流畅的精品，但作为创作者，他们最后连姓名都没有留下。受当时统治者的牵连，这些作品被毁坏了一次又一次。

飞来峰上还有清代篆刻名家胡震的题刻。胡震嗜好奇古，致力于收藏碑帖拓本，他在外出游历时时常探寻碑迹摩崖，一旦有所获，便会题刻记事抒怀。胡震曾在理公岩觅得元代周伯琦的《理公岩记》碑刻，便在此题刻附近书了"元周伯温摩崖入壁五步"十个大字刻于壁上，落款是"胡鼻山胡震题"，"鼻山"即是胡震的号。

胡震的题刻正位于民间传说中济公推开飞来峰救人留下的"济公掌印"手心正中，题刻书法结体工整大气，字迹俊逸雅致。该题刻为指路之意，作用是指引游客寻找到《理公岩记》石刻碑文。

胡震之所以用题刻指路，是因为周伯琦的题刻位置比较隐蔽，不易寻找，胡震自己也是找了两回才找到，此事又记在胡震、钱松于咸丰三年（1853）题识的刻石上。

钱松的石刻全文是：

> 元周伯温理公岩摩崖，经明郎仁宝剔除苔藓，显表当世，又二百余年，复无知者。咸丰癸丑六月，皆（偕）胡鼻山访之不获。越七日重来，乃得。遂属鼻山题识岩下，俾后来者易采访焉。
>
> 钱塘钱松叔盖记

此题刻的大意是：元代书法家周伯琦所书《理公岩记》碑刻，经过明代郎瑛清除苔藓，才又显现在世人面前，之后二百余年来，碑文又无人知晓了。"仁宝"是郎瑛的字。

咸丰癸丑，即是咸丰三年（1853），六月，钱松偕同胡震来寻找此碑而未得见，过后七日重访，终于找到《理公岩记》石刻碑文。因碑刻的位置太过隐蔽，为了让后来者容易找到，钱松嘱咐胡震在洞内石壁下留题字指路。这便有了前文胡震的指路题刻。

他们所找的周伯琦碑刻是关于元代凿像的一篇纪事文，碑刻位于一处坐西面东的岩壁上方，岩石高丈许，岩上通光，文字为凿平石面后凿刻的。碑刻全文曰：

> 理公岩，晋高僧慧理师尝燕寂焉，在钱塘虎林山天竹招提之东南，玲珑幽邃，竹树岑蔚。至正九年，上人慧苴来居观堂，起废缉散，爰开是岩。窈窕缭复，霴如堂皇，云涌雪积，发泄灵蕴。后七年，左丞绥宁杨公之弟元帅伯颜，清暇游惕，抉奇乐静，捐金庀工，载凿岩石，刻十佛及补陀大士像。金碧炳赫，恍跻西土，冀邀福惠，寿我重亲，利我军旅，冰释氛沴，永奠方岳。岩之异胜，诞增于昔，为虎林奇观。实苴公轨行精悫，有以致之。居氓号曰菩萨，盖非夸益。天竹和尚允若师，腊已八十，与苴同志，征文未久，乃篆诸石。
>
> 浙省参知政事鄱阳周伯琦伯温记并书

周伯琦，字伯温，江西鄱阳人，元代书法家、文学家。

碑文大意是说：理公岩是高僧慧理和尚圆寂处，位于钱塘虎林山（武林山）天竺寺东南，这里"玲珑幽邃，竹树岑蔚"。元至正九年（1349），上人慧苣和尚来此驻锡，将凋敝已久的寺院整修一新，开辟此岩。

到至正十六年（1356），功德主为理公岩捐金造像，刻十佛及补陀大士（观世音菩萨）像，这位功德主是"左丞绥宁杨公之弟元帅伯颜"。

至此，理公岩和理公岩前的寺院观堂，兴旺程度胜于往昔，成为"虎林奇观"。这是因慧苣和尚功德感召所致。慧苣和尚被人称为上人菩萨，这并非过分夸奖之词。"天竹（天竺）和尚允若师，腊已八十"，允若大师已有八十岁，他与慧苣和尚志同道合，希望有人能将此事勒石记载，流传后人。

浙江省参知政事鄱阳周伯琦伯温撰写碑文并大书篆字刻碑。

碑文的右边，有明代学者郎瑛、叶彬在嘉靖十七年（1538）的题跋："此碑同□叶子得之理公岩。攀萝剔藓，相与太息。何二百年来人莫知而志莫载邪？""岂尤物神护，将班光终难掩，文宝久秘者必彰？刻虽晚出，余与郎子爱其古也，用表于世。嘉靖戊戌冬十二月立春日，叶彬题。"

郎瑛是明代藏书家、学者，著有《七修类稿》。此题跋说的正是前文提到的郎瑛清理周伯琦碑刻之事，郎瑛和叶彬"攀萝剔藓"，又叹息道："为何两百年来人皆不知，志也未载？"这篇题跋是郎瑛所题，他和叶彬"爱其古"，所以让此碑再现于世。

飞来峰造像群是全国重点文物保护单位，其元代造像数量在全国也不多见，虽然经历过数次破坏，但现存的雕像和题刻依然让飞来峰造像名闻天下。在中国众多的石窟艺术中，飞来峰造像填补了五代至元的造像种类和数量，在古代造像艺术史上具有重要地位。

参考文献

1.〔元〕无奇撰集：《释迦如来行迹颂》，《续藏经》本。

2.〔元〕昙噩：《明州定应大师布袋和尚传》，《续藏经》本。

3.〔明〕张岱撰，马兴荣点校：《陶庵梦忆　西湖梦寻》，上海古籍出版社，1982 年。

4.〔明〕宋濂：《元史》，中华书局，1976 年。

5.〔清〕梁诗正：《西湖志纂》，文渊阁《四库全书》本。

6.王士伦、赵振汉：《西湖石窟探胜》，上海人民出版社，1981 年。

7.暮萧客：《理公岩隙觅鼻山》，"豆瓣"网，2010 年 8 月 26 日。

西湖石窟寻胜迹

后梁开平元年（907），朱温篡唐称帝，封钱镠为吴越王。同年，钱镠开始兴建龙山（今玉皇山），至后梁乾化二年（912），开通慈云岭。

慈云岭位于凤凰山上、钱塘江畔、西子湖旁，宋人有诗云："叠叠流云步步苔，九霄紫气限蓬莱。"正是形容它的灵秀清茂。

吴越国时期，历任国王相继在慈云岭一带修筑寺庙，雕龛造像。开平四年（910），钱镠率先在慈云岭南坡上镌刻了阿弥陀佛、观音菩萨、大势至菩萨三尊像。

阿弥陀佛简称弥陀，又叫无量寿佛，按佛经所说，是西方极乐世界的教主，为净土宗的主要信仰对象。弥陀的像在主龛中。主龛内共造像七尊，除弥陀、观音、大势至之外，还有两尊菩萨立像和两尊金刚力士像。这七尊像以弥陀为中心形成了一组既有外形变化，又在精神上有内在联系的群雕。龛内上部的飞天、迦陵频伽，以及龛眉上的七尊佛像，也都围绕着弥陀，充分展示了无名匠师们的艺术创造才能。

慈云岭地藏菩萨像

慈云岭造像中有一尊地藏菩萨像，作半跏趺坐式，右腿盘屈，左腿踏在莲花上，袈裟长覆石座，布角自然下垂。地藏菩萨光头大耳，法相端严。

这尊地藏像是以佛教神话故事为蓝本创作的。

传说地藏菩萨俗姓金，名乔觉，是新罗国王子，开元七年（719）削发出家，时年二十四岁。同年他带着白犬谛听航海而来，行脚到江南池州府东青阳县的九子山，当地人怜他苦行，为他修筑了寺庙卓锡，此后他端坐九子山头七十五年。九子山即九华山，李白及友人作有《改九子山为九华山联句》，其中两句是："妙有分二气，灵山开九华。"据李白所言，是因为九子山有九峰，如九瓣莲花，所以改名为九华山。

唐贞元十年（794）七月三十日夜里，金乔觉入寂成道，时年九十九岁。当时有位阁老闵公，常常行善斋僧。

但他有个习惯，每次即将斋够一百位僧人的时候，必定要空出一位来，请地藏来补足百僧的数目。

某日，地藏向他乞一件袈裟，闵公答允，然后用袈裟盖住了整座九华山。后来闵公的儿子在地藏门下出家，即道明和尚。闵公本人后来也脱离凡尘，遁入空门，由于他相较自己儿子更晚入门，所以礼其子为师。如今地藏旁边的两侍像即是闵公和道明和尚，左边的是道明，右边的是闵公。

"地藏"二字，意思是"安忍不动犹如大地，静虑深密犹如秘藏"（玄奘译《大乘大集地藏十轮经》卷一）。佛经中称"地藏大士"或"地藏菩萨"，有着"地狱不空，誓不成佛"的宏深誓愿。在地藏入寂三年后，颜色依然如同生时，门徒们便在寺旁为其建舍利塔。供奉了地藏舍利的九华山曾发光如火，所以又有了神光岭的别称。

距离慈云岭不远，有一个清幽的天然岩穴——南观音洞。洞内岩壁上凿着十八罗汉，布局自然，相映成趣。十八罗汉的上方，有观音、文殊、普贤三位菩萨和济颠和尚像。南观音洞的雕像多是南宋至明代的作品。

沿着观音洞一路往山顶攀登，途中会路过名为石龙洞的岩洞。洞口狭小，仅容一人通过。洞口沿壁雕有造像三龛。一组是"一佛二弟子二菩萨及供养人像"，即释迦牟尼佛，阿难、迦叶二弟子，文殊、普贤二位菩萨，旁边还有一位供养人，侧身而立。阿难和迦叶剃发髡顶，脸形长圆，身披袈裟，袒露右肩，双手合十，仪态恭敬。

佛祖下方是三世佛，过去佛为燃灯佛，现在佛为释迦牟尼佛，未来佛是弥勒佛。右侧是九尊罗汉像，左侧是千佛龛，龛内有佛像五百尊。

石龙洞的一佛二弟子二菩萨及供养人造像和三世佛造像

　　千佛龛左近有一尊金刚力士像，头戴将军盔，身穿武士甲，左手执宝钺，右手作无畏印。

　　在佛龛的山崖后面，还有块石碑，上面刻着一篇《心印铭》，字龛高192厘米，宽165厘米，楷书，字径7厘米，字迹至今仍清晰可辨。撰写人是唐翰林学士、太子侍读、史馆修撰梁肃，他是天台宗高僧湛然的弟子。作为天台宗信徒，梁肃对天台宗教义研究颇深，他所作的这篇《心印铭》正是天台宗思想的体现，也是研究天台宗的重要文献资料。碑文如下：

　　浩浩群生，或动或静，或幽或明。旁魄六合，运用五行。莫不因其心而寓其形。波流火驰，出入如机。如环无端，莫知其归。或细不可视，或大不可围。日月至明，或以为昏。秋毫至微，或以为繁。或囊包天地，或渴饮四海。舒卷变化，惟心所在。夭寿得丧，惟心所宰。心迁境迁，心广境广。物无

金刚力士像

定心，心无定像。明则有天人，幽则有鬼神。苦乐相纷，如丝之棼。有无云云，不可胜言。抑末也已，本则不然。惟本之为体，寂兮浩兮，不可道兮，显矣默矣，不可测矣。统万有于纤芥，视亿载于屈指。外而不入，内而不出。不阖不辟，不虚不实。无感不应，无应不神。在天而天，在人而人。常存而未始或存，常昏而未尝不昏。岂唯我然，盖无物不然；岂唯我得，盖无物不得。混而为一，莫睹其极。故曰：心生法生，心灭法灭。离一切相，则名诸佛。

　　　　　钱塘讲律僧冲羽书　陶翼并男拱镌字

　　　天宋皇祐癸巳岁七月　草堂僧慎微纠同志刊于石龙院之崖

　　在西湖造像群里，除了诸多佛家造像外，还有一些雕刻精妙的道家造像。

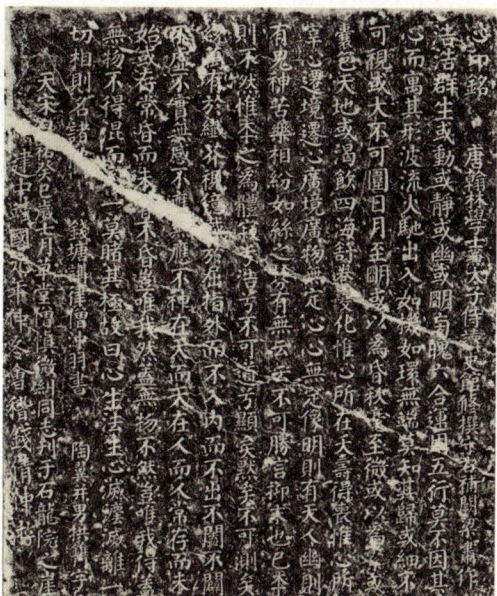

《心印铭》碑拓

在吴山西南面支峰，旧称七宝山的南麓，有道观通玄观，是绍兴二十九年（1159）内侍刘敖所建，梁诗正《西湖志纂》中记载的是"通元观"，并说"通元"二字是宋高宗御书。观内岩壁上，圆雕了一组天尊像，头戴黄冠，容相端严，身穿道袍，足踩祥云，应为三茅真君像。造像构图简洁，衣褶流畅自然，呈现出了南宋道家造像的特点。

除了此处的道家像，在吴汉月墓也有一些道家雕刻。

在钱王陵一节对吴汉月已做过简介，她是第二代吴越王钱元瓘的妃子，忠懿王钱俶的生母。钱俶虽然是虔诚的佛教徒，但他的母亲却好道家。吴汉月居家时常穿道服，不作华丽装饰。薨逝后，忠懿王也为母亲打造了符合她喜好的墓室。

墓室墙壁上刻着神话中的四灵，东壁是青龙，西壁

227

吴汉月墓里的青龙雕刻

是白虎，这两处雕刻皆凶猛威武，刻画简洁有力。四神中的朱雀现已不存，或许是在盗墓过程中毁坏了。玄武倒很完整：龟张四爪，伏地昂首，蛇头朝下，互相呼应，身缠龟壳，两者巧妙地合为一体。

上述四灵既是道教信奉的仙灵，也是古代天文的标志，源于上古的星宿崇拜。

我国古代把天空分为"三垣"和"四象"七大星区，三垣环绕北极星呈三角状排列，四象分布在三垣之外。如青龙是东方的七宿——角、亢、氐、房、心、尾、箕，此七宿的形状极似龙形，所以称为龙。四象也对应着四季变化，比如中国的传统节日二月二又叫青龙节，象征苍龙抬头，万物复苏。

吴汉月墓顶上的二十八星宿图准确性极高，可作为我国天文史的资料，具有重要的研究价值。

后室壁面的下部，雕有十二生肖像。十二生肖是十二地支的形象化代表，即子鼠、丑牛、寅虎、卯兔、辰龙、巳蛇、午马、未羊、申猴、酉鸡、戌狗、亥猪，此墓室内的生肖残存七个。

古迹遗珍 HANG ZHOU

吴越国钱氏掌管浙江的许多年里，对佛教在杭州的发展贡献显著，从信仰的普及，到庙宇塔幢的建造，都无可比拟。除此之外，有明文记录的跟钱氏一族相关的雕像还有烟霞洞的十六罗汉像，因为其中一尊题记中刻着"吴延爽舍三千钱造此罗汉"，吴延爽是吴汉月的弟弟，钱氏的姻亲。

虽然题记只能佐证一尊佛像的建造时间和功德主，但这十六尊罗汉像风格基本一致，所以雕造时间应该是相去不远的。有研究者认为，这十六尊罗汉像皆属钱王和他的僚属舍财所造。

事实上，关于这十六尊罗汉的造作经过，一直流传着一个与佛教有关的神话故事。

后晋开运元年（944），僧人弥洪在烟霞洞口结庵。这和尚素有道行，据说他曾遇见神仙，神仙指着山后对他说："此处有胜迹，你何不让它重现呢？"

弥洪按照神仙的指点，寻到烟霞洞内，果然看见石刻罗汉像六尊，此后弥洪虔诚地供奉着这些罗汉像，直到圆寂。

一日，忠懿王钱俶梦见弥洪对他说："我有兄弟一十八人，如今只有六个，王何不为我们聚齐呢？"忠懿王醒后，命侍臣寻访到烟霞洞，见有罗汉像六尊，便又补充了十二尊，这才有了十八罗汉的说法。其实，烟霞洞这十八尊像内有一尊是弥勒像，还有一尊是披帽地藏像，所以罗汉像只有十六尊。

毋庸置疑的是，每一尊造像都是雕刻者长年累月的艰辛和精湛技艺运用的结果，没有什么天降神物。

烟霞洞罗汉像

烟霞洞伏虎罗汉像

烟霞洞大势至菩萨像（一说为白衣观音像）

　　在烟霞洞的洞口，有两尊菩萨像，一尊是杨柳观音像，还有一尊有学者认为是大势至菩萨像，也有研究者认为是白衣观音像。两尊雕像的造型都很优美，线条柔和，面部饱满，衣饰华美。

　　观音，即观世音菩萨，唐代为避唐太宗李世民讳，所以简称观音，是阿弥陀佛的左胁侍，佛教认为观世音

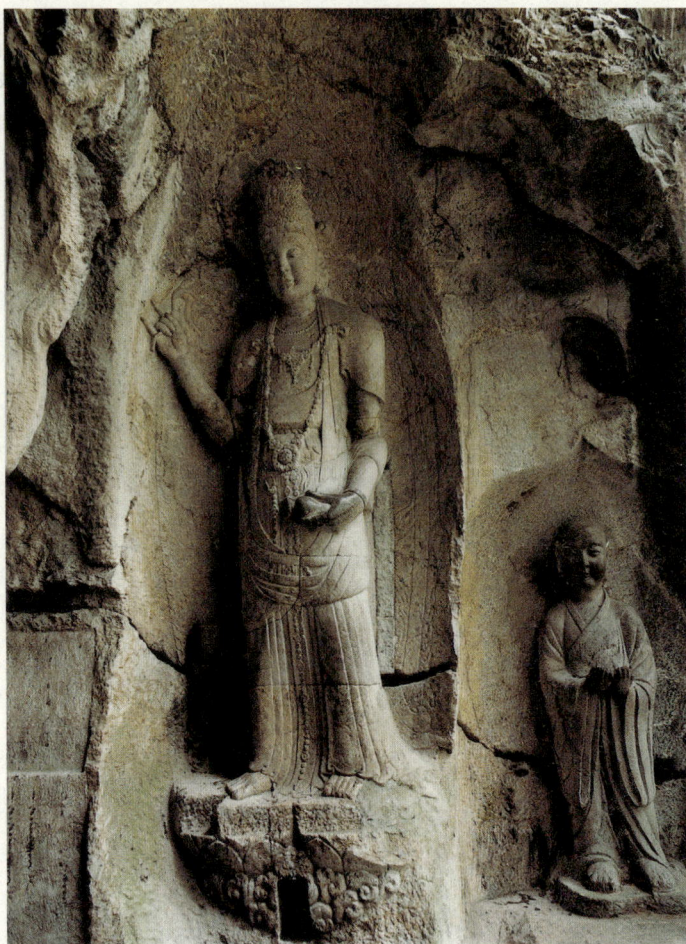

烟霞洞杨柳观音像

菩萨为大慈大悲的菩萨。在现代人的认知里，观音是女子，这在众多文艺作品中皆有展现，但实际上观音是女子之说起于宋代。

观音有三十三种像，是指观音本身不同的形貌，常以姿态、场景、所持法器来区分，为民众所熟知的观音形象有杨柳观音、持经观音、白衣观音、鱼篮观音、水月观音等。

烟霞洞口的其中一尊塑像便是杨柳观音。此观音像高两米，右手举执杨柳，左手垂执宝瓶，头戴高宝冠，宝冠纹饰华丽，正中有"化佛"，项上挂着宝珠，胸前璎珞垂地，眼神盼顾，流动生辉。

钱镠雄踞浙江后，吴越境内社会安定，经济不断发展。钱镠及其子孙都崇信佛教，吴越国在数十年内，大兴佛教，建寺造塔，开山造像。宋元时期，杭州造像之风更盛，最终涌现了杭州造像群。这些造像群与唐代以前北方的石窟造像相补充，完善了我国佛教造像艺术五代至元朝的空缺，因此在雕塑史上具有重要地位。

参考文献

1.〔北宋〕姚铉编：《唐文粹》，《四部丛刊》上海涵芬楼藏明嘉靖本。

2.〔南宋〕沈孟柈叙述：《济颠道济禅师语录》，《续藏经》本。

3.〔清〕仪润证义：《百丈清规证义记》，《续藏经》本。

4.〔清〕吴任臣：《十国春秋》，文渊阁《四库全书》本。

5.王士伦、赵振汉：《西湖石窟探胜》，上海人民出版社，1981 年。

先生之风　山高水长
——严子陵钓台题刻探胜

中国文人向往隐士生活，似乎是比较普遍的现象，如陶渊明、林逋、许由等人，他们独立的人格、自由的思想是世俗中人梦寐以求的，所以歌咏者不计其数。位于富春江畔的严子陵钓台就是后人仰慕严子陵的高逸，追慕他遗风的缅怀之所。

如今的严子陵钓台由东台、西台、严先生祠、石坊、碑园、钓鱼岛、富春江小三峡等景点组成。掩映在青松翠竹中的碑园、碑廊的题刻是历代文人来到钓台留下的印迹，它们和钓台遗迹一起成为杭州隐逸文化的重要组成部分。

故事先从严子陵说起。

西汉末年，王莽篡权，高祖九世孙刘秀起兵于南阳，光复汉室，建立东汉。

刘秀建立政权后，邀请他的少年同窗好友严光出山辅佐他。

严光，一名遵，字子陵，会稽余姚人。少年时即有高名，与光武帝刘秀一同游学。光武帝即位后，严光就改名隐居，光武帝便命人根据严光的形貌到处寻访他。齐国（东汉封国，都城在临淄）官员上奏说，有一男子披着羊裘垂钓于泽中，与严光形貌相仿。光武帝认为此人应该就是严光，便派了车舆去聘他出仕，结果严光不愿，请了三次方才请他到了洛阳。

光武帝请子陵的书信载于史册，也刻碑立在严子陵钓台，其文如下：

> 古大有为之君，必有不召之臣，朕何敢臣子陵哉？惟此鸿业，若涉春冰，辟之疮痏，须杖而行。若绮里不少高皇，奈何子陵少朕也。箕山颍水之风，非朕之所敢望。

这段话意思是：古代大有为的君主，必定有不愿应召的臣子，我怎么敢以臣子待子陵呢？只是执掌如此宏大的事业，我觉得如涉春冰，如避疮痏，须得到帮助才行。正如绮里季不丢弃汉高祖，奈何子陵要弃我。箕山颍水是许由隐居的地方，隐居是我所不敢妄想的生活。

光武帝请严子陵出山辅政，自然对他的能力是认可的，但"古大有为之君"和"朕何敢臣子陵"的语气颇为严厉，这里除了君王的权威，也有作为老友的不满。自己担了社稷，意图复兴汉室，自然是希望昔日的好友能成为臂膀，无奈子陵不仕的心意坚决，此事最终未能成功。

光武帝刚即位时，朝廷没有典制，朝中西汉旧臣又少，此时幸好有尚书令侯霸，熟知旧典，便收录呈奏给光武帝，光武帝悉数采用。此后，光武帝对侯霸非常信任倚重。

严子陵与侯霸也是旧相识。严子陵到洛阳后，侯霸派遣西曹属侯子道持光武帝的文书去请严子陵。

严子陵见他来，并不起身，在床上箕踞抱膝。打开文书，读罢信后，子陵问侯子道："君房素来多疑，如今位列三公，能够容忍小的差池了吗？""君房"是侯霸的字。子道说："尚书令位已鼎足，不疑了。"

子陵又问："那他派你来做什么呢？"

子道便转述了侯霸请他过府的事。

子陵道："你说不疑，看来是真的不疑了。天子征我，三次我才来，来了还没有见到君主，就要先见臣子吗？"

子道听了语塞，便求子陵给他一个书面答复，以便他向长官汇报。

子陵说道："我手不得闲，就口授这几句。"

侯子道嫌说得太少，请求子陵多加几句。

子陵道："难道是买菜吗，还讨价还价！"

侯子道被严子陵说得尴尬不已，站在地上手足无措，子陵见了也于心不忍，便写了一份简书给侯霸。信中说："君房足下，位至鼎足，甚善！怀仁辅义天下悦，阿谀顺旨要领绝。"

这几句话既有对侯霸有为于天下的肯定，也有对其揣摩上意、小心谨慎的不屑。史书记载这封信，也是借此道出子陵的价值理念：可匡扶正义、振兴天下，却不能舍却气节、受制于人。这也是严子陵归隐的根本原因。

侯霸得到书信后，密封起来呈给光武帝，光武帝看了之后笑着说："这狂家伙还是以前的样子！"

后来，光武帝亲自到子陵居住的馆驿，子陵依旧躺着不动。光武帝抚着子陵的肚子说道："咄咄逼人的子陵难道真的不愿出来相助于我吗？"

子陵听了，只不作声。过了良久，睁开眼睛，细细地看了会儿光武帝，随后说道："昔日唐尧著德，巢父洗耳，士人如果有志于此，何至于相迫呢？"

光武叹息道："子陵，我终究不能让你出山啊！"

说完，失落地回去了。

被严子陵拒绝的光武帝这般失望也在情理之中，毕竟二人关系好到了在光武帝登极后依然能够同榻而眠的程度。

某次，光武帝在和子陵论道一整天之后，从容地问子陵："朕相较以往如何？"子陵对道："陛下比以前胖了一点。"光武帝听了，笑而不语。之后，两人一起躺在床上睡着了。睡熟后，严子陵翻身时将脚搭在了光武帝的肚子上。第二天，太史令上奏说有客星犯御座，光武帝笑着说："朕与故人严子陵共卧而已。"

乾隆在《御制文》里笑话刘秀与严光同榻而卧不合礼仪，当是史家杜撰。虽然乾隆和光武都是帝王，但区别还是很大的，所以乾隆的视角也并不可取。

首先，光武起于微末，与严光是少年好友，有同窗之谊，这与乾隆作为皇子生长于宫廷完全不同。其次，光武乃治世之君，是力挽狂澜、振兴汉室的圣主，和乾隆这等坐享太平又虚耗国力的帝王也是不可同日而语的。最后，严子陵是在权势面前不惧不媚的高士，而刘秀能与他结为好友，可见刘秀亦非凡俗之人，这点也与附庸风雅的乾隆大相径庭。

光武帝和子陵的关系也并没有因为子陵的不愿出仕而恶化，随后子陵隐居于富春垂钓为生，光武帝置备车马送他离开，还命有司在年节时探望他。如此君臣故旧之情，至今读来，仍令人歆羡不已。

富春，清丽奇绝，锦峰绣岭，是严子陵隐居地。严子陵垂钓之处，人称"严陵濑"，当时有东西二钓台，如今有严先生祠、石坊、钓鱼台以及碑园。

严子陵钓台留下了无数文人政客的足迹和诗文。虽然这些凭吊之作多是借以抒发自己的情怀，但同时也为严子陵钓台增添了文化厚度和人文魅力。碑园内所刻正是历代后来者的杰作，本节选择一部分进行介绍和解说。

先是李白的《松柏本孤直》诗，全诗如下：

松柏本孤直，难为桃李颜。
昭昭严子陵，垂钓沧波间。
身将客星隐，心与浮云闲。
长揖万乘君，还归富春山。
清风洒六合，邈然不可攀。
使我长叹息，冥栖岩石间。

李白，字太白，号青莲居士，盛唐时的伟大诗人，

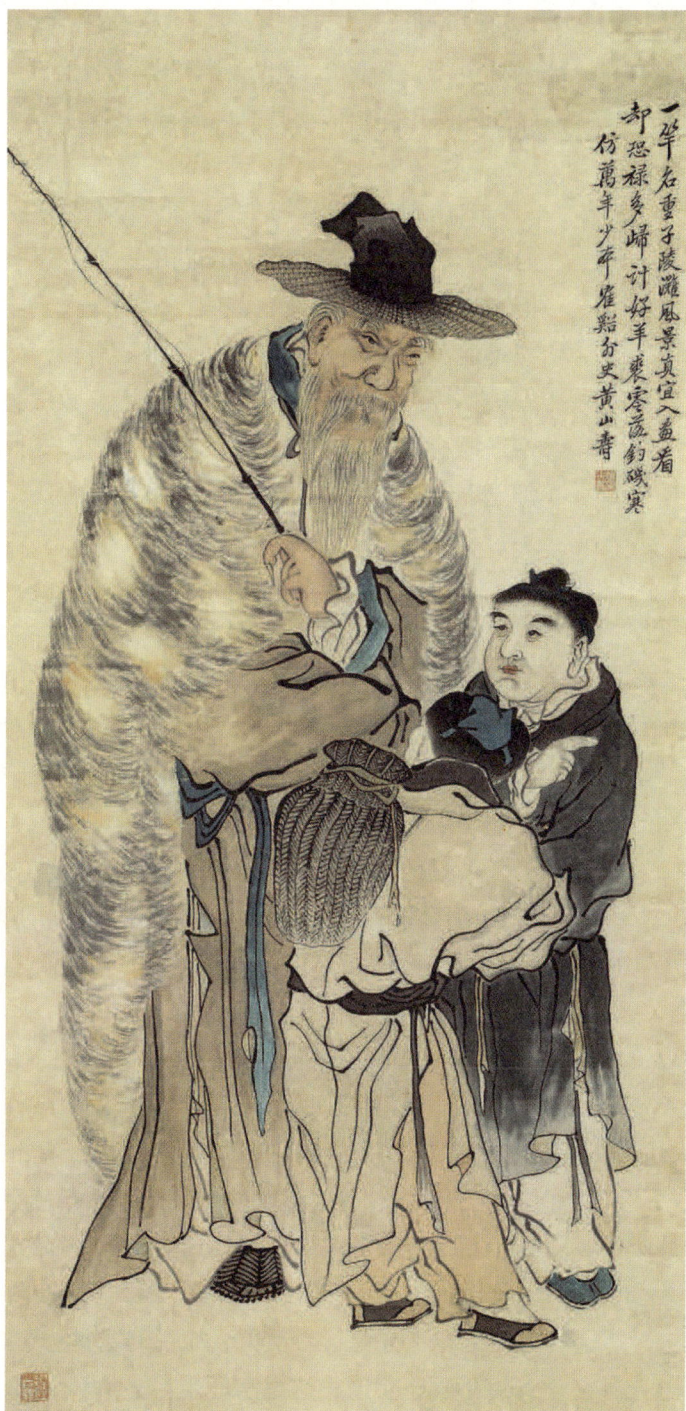

〔清〕黄山寿《严子陵归钓图》

人称"诗仙"。李白之才，世人皆知，但做官只做到了翰林供奉，与他本身的政治抱负极不相符。所以，严子陵的际遇和生平应该是李白羡慕和向往的。

李白有诗曰："安能摧眉折腰事权贵，使我不得开心颜。"恰如子陵嘲讽侯霸时的态度，子陵也忠实地践行了自己的理念。又有诗曰："仰天大笑出门去，我辈岂是蓬蒿人。"其应召的狂喜溢于言表，虽然最后并没有被重用。然而子陵却是屡次拒绝又数次被请，且光武帝是诚心邀他辅佐江山，意欲重用的。这对李白而言，都是不可及却渴望的。

李白曾表达过他的志向："申管晏之谈，谋帝王之术，奋其智能，愿为辅弼，使寰区大定，海县清一。"功成之后，则"与陶朱、留侯，浮五湖，戏沧州"。可见，在他浪漫而宏大的理想里，先立功业，再隐江湖，便可慰平生。李白梦想的，正是严子陵唾手可得而又弃如敝屣的东西。

"松柏本孤直，难为桃李颜"，在孤直的天性方面，李白可算是子陵的知己。二人皆是难以折腰媚颜之人，不是不愿，而是不能。若天生是松柏，孤直便是必然，而非选择，李白深知之。

"垂钓沧波间""心与浮云闲"，或许更像是李白的想当然。子陵若真在富春垂钓为生，恐怕不会是"心与浮云闲"，陶潜诗"种豆南山下，草盛豆苗稀"，正是自给自足情况下的所思所虑。所以子陵纵然不至于苦闷于生计，但也不会是"浮五湖，戏沧州"的心态。凡事在想象中总是比较美好，却脱离现实；现实未必糟糕，却绝不同于想象：这是常理。

"清风洒六合，邈然不可攀"，李白直白地道出了对子陵人生的向往。而对严子陵的肯定更突显出了自己的不得志，此刻李白的心绪恐怕是复杂的，最终也只能"使我长叹息，冥栖岩石间"了。

与李白同时代的文学家梁肃，也曾到访严子陵钓台，并写了篇文章记述其事。相比李诗，文中对子陵的评价显明而直接。此文由著名书法家李文宽先生刻碑，现陈列于严子陵钓台碑园。其文如下：

汉高士严君钓台碑

先生讳光，字子陵，会稽余姚人也。名阐于汉光武之世，东观书实载其事。当哀平之后，天地既闭，先生韬其光，隐而不见。建武反正，云雷既定，先生全其道，见而不屈。消息治乱之际，卷舒昭旷之域，如云出于山，游于天，复归于无间，不可得而累也。则激清风，耸高节，以遗后世。先生之道，可见于是矣。或曰：人伦大统，莫大乎君臣；崇德致用，莫盛乎富贵。而子陵以贱为贵，以臣傲君，二者其失于教欤？君子曰：不然。夫贤哲之道，一动一静。动而用者，功济于当世；静而不用者，化光于无穷。故许由于尧，先生于汉，皆不易乎世。游方之外，俾后之人闻清风而向慕焉。盖运有会而事有行，伊吕遇汤武而立大功，子陵遇世祖而立大名，去就不同，同归乎道焉。岁在大梁，予涉江自富春而南，访先生遗尘，则钓台尚存焉，仰聆德风，刻颂于石，其文曰：

季叶浩浩，浇风荡淳。先生括囊，鸟兽同群。四海既平，故人为君。富贵于我，有如浮云。召至禁中，告归江濆。下视天子，上动星文。接舆肆狂，孤竹求仁。介推山死，龚胜兰焚。猗欤先生，异乎斯人！俯仰世道，从容屈伸。清溪悠悠，白石磷磷。遗风是仰，

241

终古不泯。

梁肃，字敬之，一字宽中，任过监察御史、翰林学士、皇太子诸王侍读等职。梁肃是天台宗高僧的弟子，也常与当时名僧交游。其佛学造诣颇深，前文中《心印铭》即出自他手。

"伊吕遇汤武而立大功，子陵遇世祖而立大名，去就不同，同归乎道焉"一句是这篇碑文的核心，意指严子陵隐于富春而得盛名，和伊尹、吕尚辅佐成汤、周武王最终功成名就是殊途同归的。

依梁肃所言，子陵隐居并非因为无求，而是另一种求名的方式。笔者还是更认同李白的观点——"松柏本孤直，难为桃李颜"，子陵不仕并非曲线求名，而是天性孤直，做不到摧眉折腰媚事他人，后世之名或许是他没有想到的，他也未必在意。

在对严子陵的评价中，最为人乐道的是范仲淹所作的《严先生祠堂记》。

范仲淹，字希文，北宋杰出政治家，著名文学家。官拜参知政事，追赠太师、中书令、魏国公等，谥号"文正"，后世尊称其范文正公。他品行方正，政绩卓著，文学成就突出，对后世影响深远。现将其记文摘录如下：

先生，汉光武之故人也，相尚以道。及帝握《赤符》，乘六龙，得圣人之时，臣妾亿兆，天下孰加焉？惟先生以节高之。既而动星象，归江湖，得圣人之清，泥涂轩冕，天下孰加焉？惟光武以礼下之。在《蛊》之上九，众方有为，而独"不事王侯，高尚其事"，先生以之。在《屯》之初九，阳德方亨，而能"以贵下贱，大得民也"，光武以之。盖先生之心，出乎日月之上；光武之量，包乎天地之外。微先生不能成光武之大，微光武岂能遂先生之高哉？而使贪夫廉、懦夫立，是大有功于名教也。仲淹来守是邦，始构堂而奠焉，乃复为其后者四家，以奉祠事。又从而歌曰："云山苍苍，江水泱泱。先生之风，山高水长。"

范仲淹曾有绝唱："先天下之忧而忧，后天下之乐而乐。"欧阳修评说范文正公"少有大节，于富贵、贫贱、毁誉、欢戚，不一动其心，而慨然有志于天下"；王安石评价他"一世之师，由初起终，名节无疵"。历代名家对范文正公的称赞之多难以尽言，但仅仅此处的只言片语，也让范公的伟岸形象宛在目前了。

范仲淹此文从光武和严光二人的角度谈论此事，肯定了光武宏大的气量，也肯定了子陵之高节。在"帝握《赤符》，乘六龙，得圣人之时"，唯有先生"以节高之"，不事王侯；在"归江湖，得圣人之清，泥涂轩冕"之时，唯有光武"以礼下之"。所以，范仲淹对他们有"先生之心，出乎日月之上；光武之量，包乎天地之外"的至高称颂。

相对其他人，范仲淹看待此事时立足更高远，看得也更全面。不似梁肃论得失，不像李白长叹息，平和淡然，就事论事，真可谓宰相肚里能撑船。同时，文中道出了子陵垂钓富春带给后世的积极影响：使贪夫廉、懦夫立，是大有功于名教也。这是前人没有提出过的论点，或许这正是范仲淹这样志存高远、心系家国天下的仁人志士才能看到的方面。后来在宋高宗追封子陵为"奉议大夫"时，也以此作为封赐的依据之一——"山高水长，振千仞以起懦"。

关于严光隐居富春一事，并非所有人都是赞赏的，也有人持否定态度。究其原因，多是认为严子陵应当为国为民贡献自身的能力，而非选择只顾自我的隐居方式。持此论的有宋元之际的著名画家赵孟頫等。

赵孟頫，字子昂，宋太祖赵匡胤十一世孙。南宋灭亡后，出仕元朝，官至翰林学士承旨、荣禄大夫。赵孟頫能诗善文，通经济，工书法，精绘艺，尤其在绘画方面，被称为"元人冠冕"，在书法方面，与欧阳询、柳公权、颜真卿三人并称为"楷书四大家"，纪晓岚评价他"风流文才，冠绝当时"。

赵孟頫在严子陵钓台留下的诗作如下：

悠悠空山云，泱泱长江流。
廊庙意不屑，山泽聊淹留。
故人在天位，高步追巢由。
岂曰子无衣，辛苦披羊裘。
东京多节义，之子乃其尤。
穷后虽独善，辅世岂不优。

此诗前半部分讲述了子陵与光武之事，前文详备，此不赘述。赵孟頫对严子陵的态度集中在尾联：穷后虽独善，辅世岂不优。

孟子曰："穷则独善其身，达则兼济天下。"该联上句即化于此，紧接着说"辅世岂不优"，认为严子陵更应该辅佐光武、治国兴邦。赵孟頫这样认为本身没有错，但结合他的生平分析，方知他的态度更多是出于自身的经历。

嚴子陵釣臺

賓虹紀游

黄宾虹《严子陵钓台》

赵孟頫本是宋朝宗室，南宋灭亡的时候他已经二十多岁。伯夷、叔齐曾在西周取代殷商之后，不食周粟，饿死于首阳山，孔子称其为"古之贤人"，说他们"不降其志，不辱其身"。这便是中国古代文人对改朝换代时坚守气节、不事二君的崇尚态度。

而赵孟頫作为前朝宗室不仅出仕元朝，还深受元君礼敬，官高禄厚，所以他没少被时人诟病。按纪昀所说，是"以宋朝皇族，改节事元，故不谐于物论"。

所以面对严子陵的"廊庙意不屑"，其内心或许已经萌生出些许惭愧。赵子昂虽然在此处批判了子陵隐居，但晚年在《和姚子敬韵》一诗中却流露出了悔意："同学故人今已稀，重嗟出处寸心违。自知世事都无补，其奈君恩未许归。……准拟明年乞身去，一竿同理旧苔矶。"可知他年老后也生出了远遁江湖、垂钓苔矶的念头。

严子陵钓台碑园还有许多名人佳作，如南宋名臣张浚所作两首《过严子陵钓台》、理学家朱熹的《水调歌头·不见严夫子》、宋高宗的追封制文等。此外，杜牧、刘基、唐寅等都有诗篇存世。

严子陵生活的年代距今已近两千年，但追慕者绵绵不绝，这正如范仲淹所歌："云山苍苍，江水泱泱。先生之风，山高水长。"

参考文献

1.〔南宋〕朱熹:《晦庵先生朱文公文集》,《四部丛刊》
上海涵芬楼藏明刊本。

2.〔南宋〕董弅编:《严陵集》,文渊阁《四库全书》本。

3.〔明〕何良俊:《语林》,文渊阁《四库全书》本。

4.〔明〕曹学佺:《石仓历代诗选》,文渊阁《四库全书》本。

5.〔明〕宋公传:《元诗体要》,文渊阁《四库全书》本。

6.〔清〕王琦:《李太白集注》,文渊阁《四库全书》本。